指向班级成长的家校共育活动案例

邓小冬◎主编

中国文联出版社

图书在版编目（CIP）数据

指向班级成长的家校共育活动案例 / 邓小冬主编. —
北京：中国文联出版社，2021.11
ISBN 978-7-5190-4696-5

Ⅰ.①指… Ⅱ.①邓… Ⅲ.①学校教育—合作—家庭
教育—案例 Ⅳ.①G459

中国版本图书馆CIP数据核字（2021）第217626号

编　　者	邓小冬
责任编辑	刘　旭
责任校对	吉雅欣
装帧设计	刘贝贝　李　娜

出版发行	中国文联出版社有限公司
社　　址	北京市朝阳区农展馆南里10号　　邮编　100125
电　　话	010-85923025（发行部）　010-85923091（总编室）
经　　销	全国新华书店等
印　　刷	北京米乐印刷有限公司
开　　本	710毫米×1000毫米　　1/16
印　　张	10
字　　数	180千字
版　　次	2022年4月第1版第1次印刷
定　　价	45.00元

编 委 会

目 录

低年级（1—2年级）

中年级（3—4 年级）

高年级（5—6 年级）

目

录

低年级 （1—2） 年级

入学准备——新生入学指南

【活动摘要】

　　幼小衔接是孩子成长轨迹中的一件大事，这意味着孩子将由游戏为主的幼儿园生活进入以学习为主的小学生活。一份有温度的入学指南，不仅能够让孩子对未来的校园生活有一个预设，而且能让他们感受到来自新学校新班级的爱与关怀。

　　笔者主要从认识校园、家庭环境和准备学习用品等三方面进行分享。同时，该份指南落实的关键是要借助家校合作的力量，只有通过家长的引导，才能最大程度地促进孩子完成入学准备工作。

【活动开展】

（一）认识可爱的校园

　　开学的第一天，对于一年级新生来说，校园的一切环境都是陌生的。为了缓解孩子可能产生的紧张感，尽快适应校园环境，班主任可以组织一场有趣的校园参观活动。

　　（1）在班主任的指引下，孩子们先要熟悉自己的课桌椅，班级内的物品、设备等，让大家与班级产生连接，建立情感。

　　（2）班主任再带领孩子们有序参观校园。参观途中适当加入互动环节。如：在老师的办公室、校医室、厕所等门前，可以适当停留一下，与孩子们互动聊一聊什么情况可以进去。

　　（3）回班后组织有趣的猜猜环节。将参观的办公室、标志性建筑等通过照片展示在大屏幕上，让孩子们举手发言。该环节可以进一步加深孩子们对于校园的认识。

（4）鼓励孩子们回家后，给家人介绍一下自己在小学的见闻。

（二）布置舒适的学习台

小学生活的开始，孩子们除了要熟悉在校的学习环境，居家学习环境也需要引起我们的重视。在家里，布置一个舒适的学习空间给孩子，是开启学习生活的一个好起点。

班主任可以在班级群发起"最美家庭学习台"的征集活动，鼓励孩子在家长的帮助下，布置一个舒适的学习台。活动建议如下：

（1）在群里与家长分享活动初衷与方案，得到家长的重视与认可。

（2）家长记录孩子布置家庭学习台的照片并在群里分享。

（3）班主任负责收集照片，选择一节班会课，让同学们在小组内分享自己收拾家庭学习台的小妙招。

（4）最后，全班投票选出十个班级"最美家庭学习台"并进行表彰，鼓励大家学习榜样。

（三）准备实用的上学用品

提前准备好实用的上学用品，会给孩子们在未来的校园生活中带来不少的便利。开学之际，班主任还可以将具体的上学用品（学习用品、生活用品等）以列"清单"的方式发到班级群，方便家长在家指导孩子准备相应的物品。制作"清单"可以注意下列的要求：

（1）图文并茂，清晰易懂。例如，校服的穿着要求可以用拍照的方式展示。一张图解决"穿什么款""怎么穿"的问题。

（2）突出重点，醒目标记。需要强调的用品可以用其他颜色字体标注出来，使人一目了然。

（3）在清单中，要明确地规定好什么是"必备品"，什么是"违禁物品"。

"上学用品清单"里面的每一个部分都要有可实践的意义，这就需要班主任在前期准备时下足功夫。作为班主任，清单的内容除了考虑要符合学校的要求，还可以添加自己对于班级的建设性意见。

提前定好规矩，会让接下来的学习生活变得井然有序，也一定会让未来的班级建设往更好的方向发展。

【温馨建议】

（1）在面对家长的各种提问时，要保持平和友善的态度，发挥家校合作的真正作用，促进孩子发展。

（2）鼓励孩子自主参与到入学准备工作中，发挥主体的力量。切忌父母"包办"。

入学准备——小学生活，我准备好了

【活动摘要】

幼儿园到进入小学，是孩子人生道路上的一个重要转折点。由于生活习惯和学习习惯的变化，部分小孩在刚入学阶段会无法适从，出现疲惫甚至厌学等状态。因此，幼小的衔接工作显得尤为重要。

众所周知，教育离不开学校与家庭的合力，幼小衔接工作也不例外。因此，笔者将结合家校合作的方式，从学生的心理预设、生活习惯、学习准备等方面阐述，如何引导孩子做好入学准备。

【活动开展】

（一）美好的预告

教师可以通过家长微信群或者家长会的方式，引导家长在家与孩子做好小学的生活预告，例如：

（1）营造美好的校园生活憧憬。告诉孩子在小学校园生活中可以学习丰富多彩的知识，参加各种各样的活动，增长见识。

（2）激发孩子的问题意识。积极对待在校园遇到的困难，敢于直面挫折。

（3）鼓励孩子去认识已经上小学的小朋友。通过孩子间的交流，了解小学校园的生活。

（二）生活习惯

小朋友进入小学之后，就像是进入一个微型的社会，在这个环境中要能够独立自主地处理一些问题，如：自理能力、学习能力和交际能力等。

这时候，班主任便可以结合自身经验，建议家长在家提前预设一些困难场景，进行模拟练习，有助于在未来现实中出现相同场景时，学生能够自主去寻求正确解决困难的途径。如：

（1）在学校感觉自己身体不适，应该怎么办？

（2）上课时，遇到听不懂的知识，可以怎么做？

（3）与同学发生矛盾或肢体冲突，如何处理？

（三）学习准备

班主任可以结合班级情况与学校要求，为"手足无措"的准一年级家长送上一份有温度的入学物品准备表单。班主任应适当鼓励家长和孩子共同准备入学用品，为新学期的到来注入满满的"仪式感"。

以下是笔者为班级做的一份入学物品准备表单，可供参考：

表1　学习用品准备篇

1	双肩包	一个	轻便、耐磨、实用
2	笔袋	一个	轻便、图案简单
3	铅笔	五支	削尖的HB铅笔
4	直尺	一把	图案简单、质量好
5	橡皮擦	一块	质量好、无香味
6	书皮	按需	给新书包书皮，女生名贴贴在封面右上角
7	文件袋	四个	（语、数、英、综合）给书本分门别类、方便找书
8	姓名贴	按需	给书本与其他学习用品都贴上姓名标签

表2　生活用品准备篇

1	水壶	一个	耐摔、容量大、不要玻璃材质
2	纸巾	一包	备用
3	校服	按需	周一礼服、周二到周五运动校服
4	防疫小包	一份	备用口罩、消毒湿巾

【温馨建议】

（1）"授人以鱼，不如授人以渔"，初入小学的孩子如同"一张白纸"，在学习过程中会遇到许多"繁杂琐碎"的困难，教师应以和善的态度对待孩子，并耐心教导其解决方法。

（2）鼓励孩子自主参与到入学准备工作中，发挥主体的力量。切忌父母"包办"。

入学准备——入学准备，你还可以 这样做

【活动摘要】

作为一年级新接班的班主任，促进孩子从幼儿园到小学的角色转换的有效途径，是促进家校合力。班主任应引导家长做好角色的转变，同时，还要帮助孩子做好幼小衔接，共同迎接新旅程的到来。

除了肉眼可见的学习物品、学习环境等方面的准备以外，孩子专注意识的提前激发，也是不容忽视的，这将有助于学生更快地适应小学课堂的听课学习。笔者将结合家校合作的理念，就如何从时间观念、专注力训练等方面激发学生的学习意识进行分享。

【活动开展】

上课初期，大部分孩子会感受到小学课堂与幼儿园课堂存在较大的差异。幼儿园课堂时间较短，且多数以游戏的方式开展教学。而小学的课堂，一般以40分钟为一节课，采用的是正式庄重的课堂教学。

这时，很多问题也就从课堂上暴露出来：上课坐不住、注意力不专注、讲小话等。如果孩子没能及时调整听课的节奏，对于日后的学习将会造成较大的影响。

因此，班主任可以提前与家长沟通，借助家长会或者微信群聊等方式，指引家长在家借助小活动的方式，引导孩子有意识地树立时间观念以及集中注意力的意识，例如：

（一）"静心"小活动

引导孩子在阅读中学会"静心"。家长在家中提供一个适合学习和阅读的角落或书桌，定期抽取合适的时间（可设闹钟，建议20—30分钟），让孩子选择自己喜爱的图书，开启一段独立阅读的时光。

在这规定的时间内，无论孩子如何进行阅读，家长都不宜打断，等活动时间结束后，再与孩子进行沟通与交流。

通过给孩子一段独立的阅读时光，训练孩子的专注力，并引导孩子开启自我教育的启蒙。

（二）"与时间赛跑"小活动

引导孩子借助计时器树立"时间观念"。做事磨蹭，是许多学生都存在的现象，而这一现象也让其家长感受到焦虑与头疼。

我们不妨在孩子做事或学习时，借助"定时器"计时的方式，让孩子直观感受到时间的流逝，就好像与时间"赛跑"一般，从而提高其完成任务的效率。

对于积极性不高的孩子，还可以适当采取代币法的方式，当孩子按时甚至超前完成任务时，进行一定的奖励。

通过小活动引导学生进行专注力和时间观念训练的方式还有很多很多，班主任应做学生学习和生活的"有心人"，寻求适合班级学情的方式，促进班级学生培养科学合理的专注意识，做好别样的"入学准备"。

【温馨建议】

（1）在面对家长的各种提问时，要保持平和友善的态度，发挥家校合作的真正作用，促进孩子发展。

（2）鼓励家长在群聊中分享孩子的活动照片，对于孩子的表现和进步，教师进行及时的肯定和表扬。

低年级（1—2年级）

幼小衔接——给家长的指引

【指引内容】

（一）一年级学生身心发展特点

1. 生理特点

一年级学生的身高、体重、脑容量都明显增加，骨骼比较柔软，肌肉比较细嫩。因此，在运动时应注意运动量不宜过大。日常的走路、写字看书姿势需要规范，避免身体畸形发育。

2. 智力发展特点

（1）思维具象化，善于机械记忆；

（2）对事物的认知很主观。

3. 心理特点

（1）不安和期待交织的复杂心理；

（2）感到紧张和约束；

（3）自豪感；

（4）自尊；

（5）认为老师绝对权威。

（二）家长需要做的准备

1. 自我心态的改变

（1）明确角色：家长不只是孩子的父母，更要承担起引导者的角色。平时上学，家人给予关注、照顾的时间大为减少，家长需要从多方面进行引导，以减少孩子在学习生活中对家长的依赖。

（2）平常心：在幼小衔接这一阶段，多数家长都有较为严重的焦虑心理。究其原因是对小学学习生活及新环境的不了解，以及担心孩子学习跟不上，怕自己家孩子"不如"别人家孩子。这种焦虑心理也会传递给孩子，造成学生畏学厌学的抵触情绪。那么如何才能保持平常心呢？首先，可以向其他家长"取经"，多问问别的家长幼小衔接时做了哪些准备，根据自己孩子的实际情况进行调整。其次，可以带孩子提前了解新学校，学校官网会更新学校的照片以及活动简讯，是了解学校最直观、便捷的方式。最后，要充分信任老师和孩子，以更全面的视角看待孩子，避免唯分数论。

2. 关注能力的培养

（1）训练孩子的听记能力：一年级孩子普遍存在记不住作业的问题，部分老师的做法是将作业发布在家长群，再由家长转达孩子，这种方式虽然不容易出错，却对孩子能力培养没有半点好处。因此现在更加提倡让孩子自己记住作业，对于识字量低的小一学生，听记是最简便的记作业方式。这需要学生具备一定的听记能力，在平时的训练中，可以有意训练孩子听记，比如出门前让孩子提醒自己一会儿要买的物品，"帮忙"记手机号，传话游戏等。

（2）培养一项或几项运动技能：运动不仅可以强身健体，锻炼协调性，还能让孩子在玩乐中树立规则意识，培养孩子用正确心态看待挫折。同时，运动作为一种孩子们的社交手段，更能帮助孩子发展良性的社交。如果有机会还可以使孩子在运动会和其他比赛中培养集体荣誉感。

3. 注重习惯养成

（1）良好的卫生习惯。

① 饭前便后勤洗手，出门不乱摸乱碰。

② 垃圾不乱丢，学习做力所能及的家务。

（2）良好的阅读习惯。

① 亲子阅读：坚持每晚半小时的亲子共读，兼顾故事性和知识性内容。

② 自主阅读：给予孩子轻松、无压力的阅读，不"检查"他的阅读成果。

③ 阅读示范：以身作则，坚持读书，在潜移默化中影响孩子。

④ 阅读氛围：定期带孩子到图书馆看书，或书店买书，感受阅读的魅力。

4. 帮助孩子综合能力的提升

（1）专注力：小学课堂40分钟，对于大部分的一年级学生而言，是非常漫长的。前期还会有些学生课堂上要上洗手间，或者忍不住和同学讲话、玩文具、东张西望、画画等。专注力的训练需要平时有意识地引导，会得到慢慢加强。尤其要重视主动注意力而非被动注意力的训练。

① 创造环境：创造一个相对独立和安静的学习环境，在孩子学习、阅读、独自玩耍的时候不随意打断。

② 游戏训练：通过"图片找不同""迷宫找路"等有趣的游戏，帮助训练孩子的专注力。

③ 刻意练习：刻意地逐渐延长孩子独立学习、阅读的时间。

④ 减少或避免玩手机：手机里的小游戏和短视频极大干扰孩子专注力的培养，因此要尽量减少孩子玩手机的时间，或避免孩子玩手机。

（2）学习力。

① 培养好奇：鼓励孩子多问为什么，通过职业绘本的阅读引入，给孩子思考理想的空间，体会到知识和技能的作用，激发求知欲。

② 鼓励探索：陪伴孩子走进科技馆、博物馆、天文馆、古生物研究馆等，实地熏陶，开启孩子探索力的大门，培养孩子对科学的兴趣。

③ 快乐学习：给孩子制定一个学习任务和积分奖励制度，引导孩子享受实现目标后的喜悦感。

（3）思考力。

① 独立思考：当孩子遇到一个不会做的题目时，先不要着急给孩子讲解，让他自己去尽力思考。

② 思考习惯：在生活中不要包办，而要刻意制造一些实际问题，让孩子养成爱思考的习惯。比如请孩子安排一次郊游活动，包括准备清单和人员邀请等。

③ 思维训练：通过逻辑训练类书籍，练习"正反口令""镜面读字"等游戏，或借助积木要求孩子按顺序或按颜色摆放等帮助孩子进行思维和逻辑训练。

（4）自制力。

① 言传身教：父母用良好的自制力以身作则，陪伴孩子时注意远离手机、关掉电视，早睡早起。

② 制定规矩：给孩子立规矩，讲原则，让孩子明白自己言行的界限在哪

里，和孩子共同遵守规则，明确奖惩，严格执行。

③ 延迟满足：适当训练延迟满足，即不马上满足孩子的需求，让孩子学会等待。

（5）社交力。

① 社交礼仪：教给孩子一些社交小技巧，比如谦虚有礼貌，不大声喧哗，不嘲笑他人，长辈聊天不插嘴，学会谦让，不与小伙伴抢玩具等。

② 欣赏他人：教孩子不要以自我为中心，学会欣赏他人，发现他人身上的优点，不吝啬自己的赞美。

③ 多交朋友：多带孩子参加一些社交活动，学会合作与分享，广泛结交伙伴，让孩子成为一个乐于交往和善于交往的人。

④ 鼓励表达：可以多和孩子聊天，鼓励其讲述校园生活，养成每天和孩子睡前或者放学路上聊天的习惯，孩子会乐于表达。还有其他时候，比如遇到问题时，鼓励孩子通过自己的描述表达完整，久而久之，孩子语言表达的能力会增强。

⑤ 鼓励自主解决问题：生活中孩子遇到问题会比较容易依赖大人，到学校后就变成遇到问题爱告状，或者还没动口就先动手。所以平时家长大胆放手，让孩子自己解决问题，适当教一些解决问题的方法，如教会孩子表达自己的感受和诉求。

5. 树立规则意识

（1）时间意识：给孩子灌输时间的概念，分别了解什么是提前、准时和迟到，培养时间观念，家长也要做到准时接送孩子上学、放学。

（2）安全意识：通过亲子共读"儿童自我保护"系列绘本，给孩子灌输人身安全、运动安全及交通安全，在日常出行时也要经常提醒，强调保护自身安全最为重要。

（三）家校沟通

1. 互相了解，通力合作

在孩子开始小学生活后，家校沟通尤为重要，是家长和老师之间相互了解的主要途径，因此应避免抗拒沟通和过度沟通。在新学期伊始，老师们更希望家长能够客观真实地向老师介绍孩子的优缺点，如果孩子有特殊成长背景与经历也都可向老师说明。

第一次家长会也可以帮助家长了解各科老师的基本情况，例如年龄、性别、性格习惯、教养风格等。家长会还可以了解老师们的教学理念、教学方式，有的老师注重知识的学习，有的老师注重学习能力的培养，有的先抓书写，有的着重阅读。我们慢慢了解了老师的要求，也可以更好地督促孩子，做到家庭和学校同步。

2. 明确目的，有效沟通

首先要遵循简明扼要，开门见山，直奔主题的原则，先理清楚自己的沟通思路，也就是确认好谈话的内容。其次认清沟通的性质，是一般性的信息告知还是讨论协商式的沟通？最后既要表明自己的态度，也要相信老师的能力，这样的相互理解能够促进问题的解决。

关于请假，请说清楚什么时间、什么地点、到哪里去、去多久，病假一定要和老师报备，尤其是有一定传染性的病症。如果是突发事件请假，比如早上孩子突然身体不舒服，即使当时来不及请假，也要事后向老师及时说明情况。

在孩子成长的道路上，我们一定会遇到很多问题，作为学生家长，我想说的是希望大家一起努力，家校共同配合，让我们的孩子能够健康、快乐地成长。

【温馨建议】

（1）幼小衔接是孩子成长的关键阶段，需要家长们的耐心和陪伴。

（2）家长是孩子最好的榜样。

（3）保持良性、有效的家校沟通有利于孩子的学习与成长。

【表格与问卷】

表1 一年级新生摸底表格模板

班级：

姓 名		性别		身份证号码		
民族				出生年月		
户口类型				健康状况		
籍贯				毕业幼儿园		
监护人1 姓名				监护人1 关系		监护人1 工作单位 及职务
监护人2 姓名				监护人2 关系		监护人2 工作单位 及职务
有何特长						

　　亲爱的家长朋友，孩子们开学已经一周，请根据以下表格对照孩子一周的表现了解孩子入学后的适应情况，行为习惯方面的问题需要及时矫正，人际关系和学习方法如有问题，请及时与班主任联系，寻找解决问题的方法。

（1）请选择适合您孩子的情况：

表2　小一新生家长自查表

编号	项目	情况
1	给您的孩子制定生活作息制度	是 否 无所谓
2	能按时起床	经常 偶尔 从不
3	能按时睡觉	经常 偶尔 从不
4	要迟到时仍慢吞吞地穿衣服或吃饭	经常 偶尔 从不
5	早上时间来不及便不吃早饭就上学	经常 偶尔 从不
6	由家长接送孩子上下学	经常 偶尔 从不
7	入睡情况与在幼儿园时相比	慢 差不多 快
8	睡眠质量与在幼儿园时相比	差 差不多 好
9	睡眠时间与在幼儿园时相比	减少 差不多 增加
10	不会自己按课表准备第二天的学习用具与书本	经常 偶尔 从不
11	会预习第二天的学习内容	经常 偶尔 从不
12	会复习当天的学习内容	经常 偶尔 从不
13	找借口不愿意上学	经常 偶尔 从不
14	放学后回家情绪烦躁	经常 偶尔 从不
15	食欲与幼儿园时相比	差 差不多 好
16	行为倒退，以前自己能做的事入学后反而要家长做	经常 偶尔 从不
17	有咬指甲、吮手指、拽头发等习惯动作	经常 偶尔 从不
18	回家后对教师有诸多抱怨	经常 偶尔 从不
19	回家后不愿意谈论有关教师的话题	经常 偶尔 从不
20	回家后不喜欢谈论本班同学的事情	经常 偶尔 从不
21	回家后对同学有诸多抱怨	经常 偶尔 从不
22	回家后疲倦，不愿意动	经常 偶尔 从不
23	弄不清家庭作业是什么	经常 偶尔 从不
24	需要家长督促才去做作业	经常 偶尔 从不
25	做作业遇到了困难就不再继续做下去	经常 偶尔 从不

编号	项目	情况
26	需要家长帮助才能完成作业	经常 偶尔 从不
27	做作业拖拉，需要很长时间	经常 偶尔 从不
28	不能合理安排好做作业与玩的时间	经常 偶尔 从不
29	写完作业后家长会检查	经常 偶尔 从不
30	作业完成后会整理好文具和课本	经常 偶尔 从不

（2）结合以上表格，您的孩子最不适应的前三项是（　　　　）

a. 环境不适应

b. 不愿意上学

c. 不适应新的作息制度

d. 学习成绩不好

e. 学习习惯不好

f. 行为习惯不好

g. 不适应新同学

h. 不适应新老师

幼小衔接——学习力培养

【活动摘要】

为了提高学生的学习力，培养学生的好奇心，引导学生自主探究，丰富学生寻找答案的途径，激发同学们对学习的乐趣，可以通过开展"小小招牌我会认"的活动，让学生通过随处可见的广告牌养成识字认字的习惯，既能培养学生的学习力，又能培养学生的观察力。在玩中学，在玩中长知识，让语文学习不只停留在课堂。

【活动开展】

（一）活动准备

教师提前在学校周边或放学必经之路拍各种不同招牌的照片并打印裁剪，作为本次活动的道具。

（二）活动发起

班主任利用班会时间对学生进行活动讲解。本次活动需要同学们领取挑战内容，同学们利用放学和周末的时间在学校周边找到对应的招牌，认识招牌上面的字，弄清楚这间店铺是做什么的。派发挑战内容并提醒同学们路上注意安全。

（三）具体实施

在语文课预备铃响后的准备时间做简短汇报：同学们好，我认识的招牌是×××（读准每一个字），请同学们跟我读（招牌名），这是一家×××（如：小吃铺、便利店、餐厅等）。都说对即挑战成功，可以领取下一张挑战内容。

两周内认识招牌最多的同学获得"识字之星"称号。

（四）游戏拓展

利用班会课对活动进行小结，引导学生思考：除了招牌之外，生活中还有哪些地方可以进行识字游戏（地铁站名称、公交车站牌、商场里的商品标签等）？如果遇到不会的字该怎么办呢？以此鼓励学生多提问，多思考。

【温馨建议】

在家长群提前告知本次活动安排，争取到家长的支持。建议家长把握日常生活中带孩子识字的机会。识字能力薄弱的学生也可以让家长辅助孩子完成任务，树立信心，激发孩子对语文学习的兴趣。

幼小衔接——专注力培养（一）

【活动摘要】

小学课堂40分钟，对于大部分的一年级学生而言，是非常漫长的。课上经常会有学生频繁想去洗手间，或者忍不住和同学讲话、玩文具、东张西望、画画等。专注力的训练需要平时有意识地引导，通过训练得到慢慢加强，尤其要重视主动注意力而非被动注意力的训练。

【活动开展】

（一）班会课

（1）请同学们思考：哪些时候需要集中注意力？（上课时，看书时，排队时，吃饭时）

（2）帮助学生认识到集中注意力的重要性（如果在需要集中注意力的时候没有做到会怎样？），提高学生的自觉性和主动性。

（3）专注力小游戏"找不同"。准备找不同的游戏纸，同桌共用一张，同桌一起找出所有不同的地方，全部正确找出即挑战成功，最快的一组同学颁发"火眼金睛"称号。

（二）家校合作共促成长

（1）联合家长利用周末召开家庭会议，一起就"怎样专心做事情"展开讨论，并在家里践行，家长可以把孩子日常生活中专心做事情的样子拍照记录。

（2）班级文化角开展"专心的样子真美"主题照片展，将孩子们课上课下以及平时专心做事的照片做成照片墙进行展示。

（三）给予表彰

班内利用两周的时间根据打卡情况评比"专注之星"并颁发奖状，表彰做得好的孩子。

【温馨建议】

跟家长沟通，让家长在家观察提醒孩子。另外，也可以在家长群发一些专注力训练的小活动，为家长训练孩子专注力提供切实可行的方法。

附：

表1　打卡表格

	周一	周二	周三	周四	周五	周六	周日
在家时							
我能在规定时间内把作业认真写好							
我能一口气读完一本绘本							
我能吃饭的时候安安静静							
在学校							
我认真听了几节课（画正字）							
我今天回答了几次问题（画正字）							
我能吃饭的时候安安静静							
我能排队做到快静齐							

幼小衔接——专注力培养（二）

【活动摘要】

上课时，有的学生手叠好，背挺直，眼睛看老师；有的学生侧过身子，看向窗外，双眼发直；还有的学生练习写到一半玩起了文具，用尺子架起炮台，把橡皮大炮发射出去……

低年级的孩子有意注意时间平均25分钟，而一节课却有40分钟，怎样才能让孩子利用好课上的学习时间高效地学习？本次活动，我们就和孩子一起来认识"专注力"这件事。

【活动开展】

（一）活动准备

（1）制定打卡表格（可参考本书第22页的表1），并装订成册。

（2）邀请家长一起参与到活动中来。

（3）准备打卡成功的礼物。

（二）活动发起

班主任开展主题班会，与学生探讨注意力不集中的原因，导致的后果以及如何专注地做事情。

（三）具体实施

每天在表格上打卡自己需要专心做的事情，并对自己的专心程度打分，分为自评和他评，他评部分由家长完成。

（1）各科作业是否有专心完成？

（2）阅读时间是否有专心读书？

（3）自定义一到两件需要专心的事情，如艺术特长。

（4）写一件今天做得最专心的事情。

（5）如果有1—3项不够专心的事情，要在备注栏写下来分心做了什么事。

每个月评一次"最专心"奖，颁发奖状和小礼物作为鼓励。

【温馨建议】

专注力需要长期培养，每个孩子注意力保持的时间有所不同，作为成年人，切忌把孩子的目标设立太高，避免孩子失去信心，应将孩子每天要做的事情作为培养专注力的好时机。而对于专注力相对弱的孩子，则需要增加额外的训练游戏，如找不同、走迷宫、舒尔特方格等。

家长在本次活动中要做到"多观察、少说话"，其实大部分的孩子专注力都是没有问题的。在孩子写作业、看书、玩玩具的时候，请不要"贴心地"送上饭后水果，不要给出"好心"的提醒，这些善意的举动反而在破坏孩子的专注力。

低年级（1—2年级）

同伴交往——我是"交友达人"

【活动摘要】

刚进入一年级的小学生，面对陌生的环境、陌生的老师和同学，还有上课方式和时间的变化，容易产生孤独的感觉。良好的同伴关系能让孩子迅速融入班级，找到归属感，获得安全感和信任感，从而更好地适应小学的学习方式和生活模式。

开学初期，班主任鼓励学生先与"近距离"的同学相互认识、熟悉，再通过"交友启事"视频加快熟悉全班同学，最后引导学生在彼此加深了解后，学会主动交友，逐步建立良好的同伴关系。整个活动过程循序渐进，水到渠成。学生在不断和同伴交往、学习中，将成长为一个更受欢迎的自己，学校生活也会更开心、充实。

【活动开展】

（一）很高兴认识你

入学第一天，班主任与班级同学首次见面，大部分同学之间也互不相识。学生在陌生的环境中会感到拘束、无措。班主任要帮助他们尽快熟悉，建立起新的同学关系。

（1）班主任在自我介绍的同时，也要让每个同学向全班介绍自己，并提醒学生留意新同学的自我介绍。这一过程，不但让班主任对全班学生有了初步的了解，也让同学间留下了最初的印象。

（2）同桌、前后桌间的同学进行自我介绍，互相认识。班主任可以先做示范："我是×××（可以简单介绍年龄、来自哪个幼儿园或自己的兴趣爱好等），很高兴认识你！"说完一起郑重地握握手。希望他们在接下来的日子里能互助互爱，成为好朋友。

（3）在此基础上，了解学生是否有来自同一小区、同一幼儿园的"老熟人"，鼓励他们多互相照应。

（二）录制"交友启事"

刚进入学校的学生对环境、对伙伴都有一个适应过程，一般只注重与自己坐在一起或住在附近的几个同学玩。为了让学生认识更多班上的同学，彼此熟悉，班主任可以请家长帮孩子录制"交友启事"。要求：

（1）每个同学录制一条时间为30秒左右的视频。

（2）视频内容可以包括自己的名字、小名（昵称），自己的特点、特长、爱好和兴趣，等等。

（3）形式不拘，越能给大家留下深刻印象越好。

（4）视频录制完毕，发到班级信息平台。同学间互相观看、点赞。

（5）班主任整理视频，每十位同学编辑成一组，每天早读课轮流播放，为期一周。

（三）竞选"交友达人"

经过一段时间的互动，学生对同班同学有了一定的了解。班主任鼓励学生大胆伸出友谊之手，主动去交朋友，初步建立良好和谐的同伴关系。

（1）班主任首先要教会学生如何去交朋友。如：选择志趣相投的同学为对象；自己在言行上讲究文明礼貌，尊重他人；学会与人协商，态度温和，不盛气凌人；等等。

（2）班主任尤其关注性格内向腼腆、倔强爱较劲等交往困难的学生。平时多加引导，还要号召家长重视问题，一起帮助孩子。

（3）给予足够的时间（最少一到两个月）让学生去相处实践，再以主题班会的形式进行分享。学生介绍自己在班上交了多少好朋友，好朋友间如何相处，发生了什么趣事等，感受与同伴交往的美好。最后，选出最佳"交友达人"，给予奖励。

【温馨建议】

（1）整个主题活动要循序渐进，不要急于求成。

（2）每个活动阶段注意给予学生相关的指导、提示。

（3）把活动的目的、要求提前告知家长，取得家长的支持与帮助。

同伴交往——喜欢的称呼

【活动摘要】

乱给别人起外号是同伴交往中普遍出现的现象。低年级同学年龄较小，不懂得体恤别人的感受，出于好玩或恶作剧的心理会给其他同学起外号。一些有辱尊严和有损形象的外号，使有的同学内心受到了伤害，对此反感、郁闷或感到压抑和自卑。一些心理承受能力较差的同学还会因而失去对学习、对校园生活的兴趣，影响了他们的身心健康和成长。

对于这种乱起外号的现象，老师和家长都不能听之任之。在正面教育孩子尊重、关爱别人的同时，要让孩子正确认识起外号的利与弊。及时安抚被取外号的孩子，鼓励孩子自己解决问题。班级中也要有积极的舆论导向，使同学之间形成一种温馨美好的氛围。

【活动开展】

（一）联合家长，摸底排查

针对班级发生的同学之间乱起外号的事情，联合家长对全班学生进行摸底，看看班级学生起外号的情况及其对学生的心理影响。

班主任需事先给家长提出指导方法和注意事项。

（1）轻松谈话，耐心倾听。

低年级的学生对家长和老师有着本能的信任。选择一个轻松的时间和环境，与孩子聊聊起外号的话题。如，"有人给你起外号吗？你喜欢别人这样叫你吗？你有没有也给别人起过外号呢？你班上的同学有被人起外号吗？他觉得怎么样呀？"等等。

（2）理解认同孩子感受。

如果孩子对自己的外号感觉无所谓，或者乐在其中，家长可不必太在意。当孩子向你倾诉不快、对此很反感甚至受到不良影响的时候，父母要表示认同理解，给孩子充分的情感支持，但也不要表现得气愤难平，耿耿于怀。

（3）鼓励孩子尝试自己解决问题。

如果孩子被起了恶意外号，家长可以与孩子一起探讨被起这个外号的缘由。有些外号往往是从自身的缺点开始的，如平时总爱大声嚷嚷，被称为"大喇叭"等，家长可以借此激励孩子，正视自己的缺点，克服改正，让别人刮目相看，无话可说。

其次，可帮助孩子建立自信，勇敢表达："我不喜欢你这样叫我！""请你不要再这样叫我，我很生气！"培养孩子豁达的心胸，让孩子明白给别人起恶意外号才是没有修养、错误的行为，你不响应他，他便不能伤害你。

当然，也可以跟孩子讨论如何自己去解决问题，支持鼓励孩子去尝试可行的办法。

（4）家长向班主任如实汇报情况，有问题的要加强沟通交流。

（二）正确认识"外号"

班主任利用班会，引导学生正确认识"起外号"的利弊，学会尊重同学，不乱给同学起外号。

（1）什么是外号？

外号即绰号，是人的本名以外，根据本身的特征、个性等另起的名字，大都含有亲昵、憎恶或开玩笑的意味。表示亲密或喜爱的绰号也叫昵称，表示幽默感或嘲弄的绰号也叫诨号。

（2）起外号有什么好处和坏处？（学生讨论）

好处：善意的、无侮辱性的外号更体现出亲昵、亲密的感情，喊起来顺口亲切，容易拉近彼此的距离。

坏处：给别人起（或者喊）难听、嘲笑、羞辱色彩严重的侮辱性外号，是一种不尊重人的表现，侵犯了别人的人格尊严，会让人反感，给人带来痛苦，也会使人产生自卑，不合群、孤僻等心理问题，还会造成同学之间关系不和睦。

（3）给同学起"侮辱性外号"，是一种语言欺凌，属于心理暴力，可以定性为校园霸凌。情节严重者是要负法律责任的。

所以，给别人起外号的时候要考虑别人的感受，善意的、无伤大雅又令人接受的外号可以为之；反之，嘲讽、侮辱别人的恶作剧行为应该停止，不要把自己的快乐建立在别人的痛苦之上。

（三）我有喜欢的称呼

与其堵，不如疏。既然"起外号"是一把双刃剑，那么就把握好尺度，尽量发挥它好的一面，让它产生温暖，增进班级同学间的感情。

在引导学生学会辨别"起外号"的利弊关系后，以尊重、友好为前提，开展"我喜欢的称呼"主题活动。

（1）学生自由组合，小组讨论，给好朋友起个合适的外号。

（2）给自己选择一个满意的外号。不喜欢用外号的也可以选择用自己的小名，甚至就用回自己的姓名。

（3）制作创意名字牌，放在自己的课桌上，让同学们认识自己的新外号。

【温馨建议】

（1）前期活动需要家长耐心配合，班主任可利用班群详细指导家长与孩子交流的办法。

（2）家长对孩子的情况要客观、如实地向班主任汇报。

（3）活动过程中，班主任要特别关注因为外号问题受困扰的同学，与家长一起安抚、引导孩子。

低年级 （1—2年级）

同伴交往——读绘本 会交友

【活动摘要】

绘本因其图文并茂、直观形象，符合小学生的学习特点和兴趣爱好，广受低年级师生和家长的青睐。绘本中与生活经验密切相关的故事情节，也能够轻而易举地引起学生的情感共鸣。以"交往"为主题的绘本，直观地展现出孩子交往的过程和问题，学生可以在阅读绘本的过程中，获得积极的情感体验，增强交往的主动性，并能够在潜移默化中学会一些交往的策略。

许多学校大力推广亲子阅读活动，低年级更是经常组织"故事爸妈进课堂"等亲子阅读活动。班主任可以邀请家长进课堂，专门就"同伴交往"这一主题，组织一系列的亲子共读活动。班主任要先仔细观察班上学生存在哪些交往问题，推选合适的绘本，与家长共同备课，正确引导学生进行绘本阅读，发挥绘本阅读的价值，为孩子搭建好友好交往的桥梁。

【活动开展】

（一）明确目的，制订方案

（1）向家长阐明活动目的，招募家长进课堂指导绘本阅读。

（2）组成家长讲师团队，商定方案（定时间、定人员等）。

（二）选择绘本，共同备课

（1）班主任首先要仔细观察、善于发现班上学生存在哪些交往问题，再根据实际问题挑选相关主题的绘本，如：

关于学会自主处理冲突——《弗朗西丝和好朋友》；

关于包容，太多的要求与规矩让朋友望而却步——《鸭子说"不可以"》；

　　关于求同存异，即使是好朋友，喜欢做的事情也可能不一样——《两个好朋友》；

　　关于谦让，太霸道可能会失去朋友——《小乌龟富兰克林》；

　　······

　　（2）给家长提供指导阅读的方法。

　　如何进行亲子共读才能发挥最大化的效应？也许有些家长并不知道读绘本也是有技巧的。班主任开始最好与家长一起备课，给家长提供一些阅读指导方法。

　　开篇时，可引导学生观察封面，猜想故事情节，引起阅读兴趣。

　　在读正文时，可以进行"互动式分享"，即在带读过程中不断地用"启发式提问"来引导学生积极分享自己的观点、想法与联想。这样可以提高学生阅读的积极性和参与度，激发他们独立思考。同时，在同学各不相同的发言中，能学会倾听、理解别人的观点。另外，家长带读时不要加以评判，可让学生学会"自我纠错"，增强自信心；启发猜想绘本人物的感受，也能让学生学会感知别人的情绪，提高自己的情商。

　　读完绘本，还可以让学生表演绘本故事，联系绘本内容做一些生活实践活动等等。

　　（3）制作相关的课件、道具等。

　　（三）亲子共读，家长进课堂

　　（1）课前，班主任协助家长做好场景布置等准备工作。

　　（2）低年级学生年纪较小，自律性不强，家长不一定能很好地掌控课堂，班主任需全程参与，以便处理突发事件。

　　（3）课后与家长交流课堂情况，感谢家长的参与、付出。

【温馨建议】

　　（1）班主任给家长提供足够的技术支持，鼓励家长积极参与，主动报名。

　　（2）要根据班级学生在交往中出现的问题来选择绘本，主题鲜明、有针对性为佳。

自理能力培养——整理抽屉

【活动摘要】

良好的习惯是促进一个人健康成长的重要条件，是健全人格的基础，为一个人以后的发展打下牢固的基础。低年段的孩子正处于良好习惯形成的关键时期，可是大部分家长没有放手让孩子尝试。在父母的呵护下，很多孩子不会有序地整理自己的物品。其后果是孩子经常丢三落四，不会珍惜自己的物品。孩子的依赖性越来越大，家长越来越累。

老师可以通过学生的抽屉看出一个学生在家是否会整理物品，这是学生自理能力的体现。老师也可以通过在学校对孩子的教育和训练，培养孩子在家的自理能力。

【活动开展】

（一）班会课

（1）帮助学生认识到整理好自己物品的重要性，提高学生的自觉性和主动性。

（2）让学生清楚自己有哪些学习用品，并把用品归类装好。

（3）把抽屉分为课本、练习本和文具用品三类。最左边放课本，最右边放练习本。摆放的顺序是根据本子的大小，最大的本子放在最下面，往上叠加较小的本子。抽屉中间部分摆放文具盒。水壶不能放在抽屉，应挂在桌子挂钩处，防止弄湿课本。

（二）给予充分的练习时间

老师可以规定一周或是两周练习时间。老师在早读时间和放学时间检查学生抽屉，及时纠错，让孩子及时改正。

（三）给予奖励

练习时间过后，老师可选整理能力强的孩子作为监督员，检查全班学生的抽屉。在每周班会课上，表彰做得好的孩子。

【温馨建议】

跟家长沟通，让家长在家监督孩子的抽屉。孩子能整理自己的抽屉后，把此能力辐射到衣柜、书柜、餐桌等区域。

学习习惯培养——保管学习用品

【活动摘要】

我国当代著名教育学家叶圣陶很重视习惯的养成，他认为教育的目的就是培养习惯，增强能力。现代心理学的研究表明，在儿童心理发展的过程中存在许多发展的关键期，假设错过了这些关键期，某些心理品质就得不到应有的发展，导致终身的缺失和遗憾。

在人的一生发展过程中，学习习惯形成的关键期是在幼儿和小学低段这两个时期。因为学生年龄小，具有很强的可塑性。学生也具有很强的向师性，愿意听老师的教导，积极做好老师布置的任务。

以笔者任教班级情况为例。首先，所在班级学生为一年级学生，对学习用品的用法和摆放位置不熟悉。其次，其年龄的注意力特征为注意广度小，注意时间短，容易被突发事件吸引。此阶段的学生容易丢笔、橡皮和尺子等文具。如果老师和家长不能及时给予引导，学生会把这个习惯延伸到生活的各个方面里。所以，保管学习用品是一个重要的学习习惯。

【活动开展】

（一）开展"学习用品小伙伴，爱惜节约会保管"主题班会课

老师通过班会课向学生介绍在校园学习过程中，学习用品的重要性。详细介绍每个用品的作用、正确使用方法和摆放位置。老师结合班级实际情况编一些文具使用口令，让学生通过喊口令来提醒自己。

（二）给家长支招，家校合作

通过家长会，老师与家长沟通协商，共同制定学生在校时学习用品的要

求。老师可以建议学生每天带五支削好的铅笔（不能是自动铅笔）、一块雪白的橡皮、一把透明的尺子。五支铅笔标上号数，家长和老师引导学生按照号数顺序使用铅笔。每样物品上都有标记学生姓名和班级。学生不能带削笔刀进校，一是保证学生安全，二是保证教室地面的干净。一年级刚开学的前两个星期，家长协助并教导学生整理文具盒。接下来的一个月，班级举行"独立整理文具盒"视频打卡活动，老师评选"最佳小管家"。

（三）设立"文具小管家"，学生互相帮助、互相监督

根据班级座位，老师可以把视频打卡活动评选出的"最佳小管家"委任为四人小组的"文具小管家"。"文具小管家"可以协助老师提醒和监督组员正确使用文具和摆放文具。

（四）班级公约——制定奖罚制度

班级内可放置"哭泣文具箱"，专门收集"无家可归"的文具。"文具小管家"会在最后一节课下课后提醒组员检查文具盒，如果有组员遗失文具，可在"哭泣文具箱"里找。老师会在一周一节班会课上清点"哭泣文具箱"，给一周内没有丢失文具的学生奖励。而丢失文具且没有及时拿回的学生，需要在家劳动换取文具，可以扫地、擦桌子、给爸爸妈妈捶背……通过这些方法，让学生知道文具是父母通过辛勤劳动挣钱才买到的。如果自己不珍惜，就要以同样方式去拿回文具。

【温馨建议】

（1）跟家长沟通商量，共同制定，获得家长的支持。

（2）善于借助家长力量，事半功倍。

（3）班级活动必须以学生为主体。

课间习惯培养——文明游戏

【活动摘要】

为了倡导健康、快乐、安全、文明的校园文化，引导学生在课间做安全文明有益的游戏，增强学生体质，丰富学生的课间活动，激发同学们设计、创造游戏的热情和意识，可以通过开展"快乐课间，文明游戏"课间游戏设计视频比赛，让学生成为游戏的主人，在玩中学，在玩中长知识，玩出花样，玩出新意，让课间充满学生的笑声。

【活动开展】

（一）宣传、发动阶段

班主任利用班会对学生进行宣传发动。

（二）设计、班级推广阶段

本次活动面向全体同学，同学们进行创意展示，具体要求如下：

（1）游戏内容：健康、有趣、安全。

（2）游戏设计分室内游戏、室外游戏两种。

（3）室内游戏人数控制在四人以内，室外游戏人数控制在十人以内，单次游戏时间五分钟以内。

（4）可以是对传统游戏的创新，也可以自行设计一个新游戏。

（5）游戏的设计要符合本班位置实际情况，合理利用场地。（如：楼上班级不可以踢毽子，跳绳，开展球类游戏等）

（6）填写"快乐课间，文明游戏"课间安全文明游戏设计表，对游戏规则及游戏步骤要有详细文字说明，对于游戏的玩法要求通过先录制视频进行展示。

（三）视频展示及文明游戏强化阶段

由班主任老师利用班会课播放学生游戏视频并负责组织同学们学习、推广，引导学生安全文明游戏，以达到本次活动的目的。同时彻底取消一些不文明、不适宜的追逐打闹等游戏。

【温馨建议】

跟家长沟通商量，获得家长的支持。建议家长教学生玩传统的课间游戏。也可以借助家长的监督，让孩子上网找适合本班的文明课间游戏。

管理能力培养——人人有活干

【活动摘要】

创建出一个优秀的班集体，培养学生管理的能力，如果只靠班主任或老师严格管理是较难实现的。叶圣陶先生说过："教是为了不教。"教育的关键在于引导学生学会管理，让每个学生既是管理对象，又是管理人员。老师通过各种手段培养学生的自控能力，即便老师不在教室，学生也能清楚意识到此时此地需要做的事情。

低年段的学生有很强的表现欲望和好胜心，他们希望得到老师和同学的认可。老师要尊重学生个性化发展，提供"管理岗位"，让每个学生都有平等的机会参与此项活动。

【活动开展】

（一）宣传、发动阶段

班主任利用班会对学生进行宣传发动。班主任和学生共同讨论出班级一天内所有的事务，学生再根据自己的特点和喜好选择两个管理"岗位"。学生用一周时间准备竞选稿件，稿件需说明竞选岗位和有哪些方法步骤完成此岗位职责。

（二）竞选阶段

学生上台演讲竞选，最后投票决定。

班主任讲明管理规则：

（1）岗位负责人必须持之以恒，如果临时有事不能完成，需要跟班长和班主任说明。

（2）岗位负责人需要完成工作周记总结，也可以提出改进意见。

（三）上岗阶段

值日班长根据岗位表检查学生工作完成情况。如果有拖延或未完成的，值日班长可督促完成或重新委托其他学生暂时负责，并及时把情况上报给班主任。

每周评选出"优秀管理人员"，并在期末进行表彰。

【温馨建议】

（1）跟家长沟通商量，获得家长的支持。如果竞选过程中，有特殊情况，及时跟家长沟通说明，合理公平分配。

（2）班级活动尽最大可能尊重学生想法。

家校共育——家委会构建

【活动摘要】

家委会的构建目的在于协助老师处理班级除教学以外的一些工作，合理地构建家委会，有助于帮助班主任老师更专心于教育教学及班级管理。

笔者以自己班级家委会构建模式为例，按照自己的带班需求设定分组，充分发挥家长们的热情和所长。不仅可以分工明确，让家长们各司其职，更有助于家长们清晰地了解班级发展情况。

【活动开展】

（一）家委会的设立

首先要明确家委会的建立初衷，即服务班级。因此，在家委会人员的选择上不宜操之过急，可以留意观察家长的配合情况及家长的特长等。这样不仅方便日后可以在班级建设中发光发热，更有助于精准选择。避免出现家委会组建成立后部分家长不能很好地分工协作。

家委会人数可以不做固定，先让家长自愿加入，不要担心人数过多。要让每一个有热情的家长都可以参与到班级的建设中来，只要有效分组分工协作即可。

（二）家委会成员选拔角度

（1）真心为班级付出，不求回报。

（2）性格随和，不强势。

（3）发挥自身长处（例如有财务、绘画等技能）。

（4）时间比较充裕，有时间参与到班级建设中来。

（5）积极乐观，愿意牺牲个人配合集体。

（三）家委会部门组建

可将家委会细化为家委主任、财务组、采购组、活动组等等，各组配有组长及成员。教师可根据班级管理需要组建，并在组建之初一起商定一些约定，例如：财务组每个月要向家长们以表格形式汇报班级开销，后勤组要将每个月的值日表提前发到群内等。

以下为笔者本班的班级家委会构建分工情况及财务组、后勤组每月所作表格。

表1　家校共育小组

小组负责人：	组长	组员
财务组		
采购组		
后勤组		
宣传组		
活动组		

表2　一（3）班班级必要费用托管明细

第二学期

序号	日期	摘要	收入（元）	支出（元）	余额（元）	备注
1	2021-02-22	承第一学期期末余额结转	1041.26		1041.26	
2	2021-02-23	收到25位学生课间餐款	16250.00		17291.26	650元/人（共计25位）
3	2021-02-23	已将25位学生课间餐款汇入指定账户		16250.00	1041.26	2021-02-23
4	2021-02-23	课间餐款微信提现费用		16.25	1025.01	2021-02-23
5	2021-02-23	收到47位学生课外实践活动款	5405.00		6430.01	115元/人

指向班级成长的
家校共育
活动案例

序号	日期	摘要	收入（元）	支出（元）	余额（元）	备 注
6	2021-02-23	已将47位学生课外实践活动款汇入指定账户		5405.00	1025.01	2021-02-23
7	2021-02-24	购买班级共读书一套		213.00	812.01	2021-02-24
8	2021-02-24	购买班级数学计算小达人		624.00	188.01	2021-02-24
9	2021-03-05	收到48位同学班费	9600.00		9788.01	200元/人
10	2021-03-05	购买班级桌位贴		31.00	9757.01	2021-03-05

（部分班级财务表格）

表3 值日表

日期	星期	值日时间	学生姓名
2021-05-06	星期四	放学后（3人）	吴楷瑞
			杨镐鸣
			林柳翰
2021-05-07	星期五	放学后（3人）	曾子炜
			谭子睿
			曹启帆
2021-05-08	星期三	放学后（3人）	程博为
			庞博兮
			龙祖尧
2021-05-08	星期一	放学后（3人）	郝文天
			孟思远
			蒙泽锋

日期	星期	值日时间	学生姓名
2021-05-11	星期二	放学后（3人）	孔维正
			危健恒
			李希哲

（部分值日排表）

【温馨建议】

（1）家委会主任建议选择有亲和力且有组织能力的家长担当。

（2）注意家委会内部成员之间的共同协作，维护好和谐氛围。

（3）关注家长的技能，争取都可以在班级建设中发光发热。

低年级（1—2年级）

家校共育——家长会

【活动摘要】

苏霍姆林斯基说："两个教育者——学校和家庭，不仅要一致行动，要向孩子提出同样的要求，而且要志同道合，抱着一致的信念，始终从同一原则出发，无论在教育的目的上、过程上，还有手段上，都不要发生分歧。"

教师与家长之间良好的链接，不仅有助于日常工作的开展，而且能起到事半功倍的效果。笔者以自己所带班级为例，展示如何进行班级开展家长会，在低段构建一个和谐的班级氛围，家长会说什么，怎么说有利于更好地家校共育。

【活动开展】

（一）家长会前准备

家长会是老师们绕不开的一项工作，因此如何开好一次班会其实是一门学问。家长来到班级参加家长会，从老师的PPT上最希望看到什么？一定是自己孩子的成长情况。因此，建议为家长们更直观地展示孩子的成长瞬间。

（1）会前制作播放前一阶段班级学生的成长视频，照片集锦等。

（2）在PPT的图片搭配上应多放置学生在校的日常图片，让家长在图片中看到孩子的点滴成长。

（二）家长会讲什么

家长会，目的是让家长们了解学生近阶段的成长动态，切勿把家长会开成批斗大会和抱怨大会。班会内容要积极正能量，让家长开开心心地来，充满希望地回家。

在班会前要拟好班会主题，明确班会的主干脉络。充分肯定家长的积极配合及在平时所贡献的力量，介绍班级总体情况，学生前一阶段的进步及有待提高的部分，提出自己的期待及实施方法，本学科内部的学习情况，家校共育中期待家长能够辅助的方向。

（三）向家长委婉表达自己的需求

语言是一门艺术，如何向家长得体地表达自己对于家校共育的期待，而不让家长觉得教师在推卸责任。

要给家长传递一种理念，孩子的教育有学校和老师还远远不够，真正影响孩子发展的是家庭教育。要展示为了实现某一构想，教师自身进行了哪些努力。让家长明白良好的家校共育会产生哪些积极的影响。向家长委婉地提出期待家长配合的具体方向。

【温馨建议】

（1）家长会上注意语言的艺术，推敲语言如何说，听者才更舒服。

（2）尽量幽默，多举学生平日的例子让家长了解你的工作。

家校共育——家校沟通

【活动摘要】

家校沟通是家校共育是否有效的最重要一环，良好的家校沟通不仅可以营造教师与家长之间和谐的沟通氛围，同时更有助于以后的教育教学中的工作开展。

笔者以本班日常家校沟通为例，从信息发布、日常学生成长分享等角度让家长更多地了解孩子在校生活成长情况，消除刚入学之初家长的紧张焦虑情绪。

【活动开展】

（一）与家长的链接

（1）班级群内的消息发布要做到：及时、准确、简洁。（可采用备忘录截图的方式发布，对于重点信息可进行加粗、标红等，使其更加醒目）

（2）对于新入学的一年级，教师可以多记录孩子在校日常在家长群内分享。让家长更直观地了解到孩子在校情况，有助于消除家长的焦虑感。

（3）对于家长因为孩子在校遇到不愉快与老师进行的沟通，应先认真聆听，表示理解家长的心情。然后给出自己的解决方案，让家长放心。

例：

白老师的一封信

今天的小一（3）班进步很大！

（1）课间餐孩子们都是自己按顺序去拿饭，吃完能按照要求把垃圾放到桶里，并且把餐具放到指定位置！

（2）孩子们变得越来越有礼貌，见到老师都大声地问好！

（3）很多午托的孩子对我说他们中午睡得很好，不午托的小朋友中午排队特别整齐，边走边喊121。

（4）我们班几个淘小子，今天也有很大进步，可以听规矩，配合度变高！

（5）今天自我介绍，好多孩子勇敢举手主动要求，甚至还有小朋友可以英文介绍自己，真的太棒啦！还有一些小朋友很想主动，但是又有一点害羞和紧张。也希望家长们在家平时要多多鼓励孩子哦！

孩子的成长需要我们一点点的培养，家校共育离不开小一（3）班家长的高度配合，还请家长们也多多为孩子树立榜样，培养孩子的行为习惯。请家长们回家后再多次反复地告诉孩子：

（1）慢慢走路，不要奔跑，不要踩踏草坪。

（2）上学见到保安叔叔、义工阿姨要问好。

（3）吃课间餐要认真吃哦，吃得太慢影响上课哦。

（二）幼小衔接家长的准备工作

1. 心理

对于孩子升入一年级，很多家长是极其焦虑的。只有家长焦虑的心安定下来，孩子才会稳下来。

首先，教师要在孩子入学伊始，先给家长吃一颗"定心丸"，让家长明白小学只是起跑线，不是终点线。其次，要指导家长有意识地引导孩子心理上入学，有助于孩子更快速地进入小学生的状态。

2. 习惯

在入学之初，不要急于布置知识性作业，应该更注重学生习惯及生活技能的培养。可以通过布置作业的形式，培养必备生活技能。

例：

小眼睛——看黑板　　　　小嘴巴——闭起来

谁坐好——我坐好　　　　小火车——开起来

1，2，3——坐端正　　　　从哪开——从这开

生活技能类：穿/叠雨衣、对照课表整理书包、叠被子、削铅笔、接饮用水、去卫生间等。

学习习惯：静坐十分钟、站立十分钟、作业计时等。

学生就像一条纽带，连接着家庭与学校。班主任的工作忙碌而繁杂，维系好家校和谐是工作顺利开展的重要环节，因此，对于家校共育问题一定要更加用心。

图1

【温馨建议】

（1）面对家长的焦虑要耐心疏导。

（2）班级群内不要发批评性等消息，更不建议点名批评。

（3）对学生的常规管理是一个持续的工作，要长久坚持。

一年级入学该如何引导班级阅读

对于一个班级来说，一年级是非常重要的一年。好好规划的一年级将为班级文化奠定良好基石。如果老师希望将班级打造为"书香班级"，一年级是最佳的起步阶段，做好了效果事半功倍。那面对刚刚入学的一年级，老师应该怎样联动家长，开展班级的阅读活动？

在开展活动之前，我们首先要明确目标，并进行班级摸底。

【明确目标】

对于一年级的阅读教学，我们应将目标放在阅读兴趣和习惯的培养上，阅读策略的引导点到为止即可，甚至可以忽略。

具体来说：

（1）班级有良好的阅读氛围，做到学生好读书，有好书可读，有时间读好书。

（2）家庭有良好的阅读氛围，做到有独立书柜，有独立阅读空间，有良好亲子阅读氛围。

（3）有良好的家校互动，为家庭阅读和班级阅读提供交流或展示的平台。

最终，教育者要让学生不管是在学校，还是在家里都能感受到读书的氛围，自觉捧书静心阅读。

【班级摸底】

班级摸底一方面让老师初步了解班级每位孩子的阅读启蒙情况，制定具有针对性的阅读引导方案；另一方面帮助老师寻找盟友，发掘出具有阅读引导才干的家长。

【问卷调查】

1. 您的孩子从几岁开始阅读（　　　）

A. 1—3岁　　　　　　　　B. 4—5岁

C. 6—7岁　　　　　　　　D. 无

2. 您的孩子的阅读习惯是（　　　）

A. 无规律，随心情决定看不看书。

B. 有规律，每天会固定阅读时间。

C. 有规律，每周会固定阅读时间。

3. 您的孩子每周的阅读时间共计_____小时。

4. 您家是否有为孩子准备独立的书柜和阅读空间（　　　）

A. 有　　　　　　　　B. 否

5. 如果有独立书柜，请拍一张书柜的照片上传。（注意：拍照时，注意拍清楚书本的书名）

6. 每周是否有固定的亲子阅读时光（　　　）

A. 是　　　　　　　　B. 否

笔者执教的学校为深圳市一所百年小学，以笔者班级为范例，学生的阅读特点主要集中在以下几个方面：

（1）家长都意识到阅读的重要性，但却缺乏相关策略的引导，不能有效引导孩子爱上阅读。

（2）生生之间阅读习惯差距较大，仅有7位孩子在家长的引导下获得良好的阅读启蒙。

（3）大部分家庭书柜中的书籍不适合一年级小朋友阅读。

（4）大部分孩子的阅读引导停留在家长的口头劝告，孩子没有养成良好的学习习惯。

【活动指导】

针对班级的阅读现状，我制定了一系列的阅读指导活动。

（一）联动家长，获得家长的支持，成立班级阅读妈妈团

对于班级的阅读启蒙，教师应将获取家长的认可作为重要工作内容，努力将"书香班级"的建设变成班级共识。教师要重视第一次家长会，将班级阅读文化建设的思想传达给家长，寻求志同道合的家长加入进来，组建团队，一起开展接下来的阅读活动。在活动的开展遇到障碍时，教师可以尝试以"给家长一封信"的方式，耐心地用文字和家长沟通，扫除家长的心理障碍。

第二次家长会时，教师要着重于告诉家长引导孩子阅读的策略，纠正家长有关儿童阅读的一些常见错误观点。

在我所教过的班级中，家长的常见误区包括以下几个方面：

（1）将阅读工具化，阅读要能带来及时的好处。例如认识更多的字，明白道理或者提高分数。这种思想下，家长会对孩子的阅读进行很多错误的干预。例如：否定文字很少，以图画为主的绘本的重要性；喜欢买功利性强，但缺乏文学性和趣味性的书籍；经常灌输孩子阅读是为了提高学习分数的思想。这些都不利于培养孩子内心对于阅读的热爱。

（2）忽视阅读环境对孩子潜移默化的影响，家里没有为孩子准备独立的阅读空间。

（3）阅读引导停留在口头上，但没有具体的行动。

因此，在第二次家长会上，我会：

（1）扭转家长将阅读工具化的观念。阅读，应该当成孩子的兴趣和习惯来培养。孩子能专注阅读30分钟以上，应该成为家庭阅读习惯培养的目标。家长不应在阅读上去在乎孩子认识了多少字，明白了多少道理，语文提高了多少分，这是本末倒置。

（2）告诉家长家庭阅读的指导重点应在阅读环境和阅读氛围的营造上，停止每天口语说教。阅读环境的营造要求家长为孩子准备好书柜，足够丰富的书籍，独立的阅读空间，床头阅读灯。阅读氛围要求一个家庭应该有亲子共读或者家长朗读故事给孩子听的时光。

（3）带着家长简单品析一本绘本，我选择了绘本《爱德华——世界上最恐怖的男孩》。这让家长感受到绘本的丰富内涵和它独特的文学性，从而改变家长挑选书籍的心态，从在乎功利性转变为关注文学性和趣味性。

（二）开展班队活动，成立班级读书角

在一年级期中的时候，当孩子渐渐适应小学校园生活时，我便联合家长策划了主题为"萤火虫图书角"成立的班队活动,意味着班级阅读活动的起步。此次班级活动旨在通过具有仪式感的活动,让孩子亲身参与,将阅读变为班级共同活动。

一(1)班"萤火虫图书角"成立班级活动

前期准备:购买班级图书角书目,为每本新书贴上一(1)班的标签;将新书以每十本为单位捆扎为礼物;邀请家长进校讲绘本。

活动流程:

(1)教师宣布一(1)班"萤火虫图书角"成立。

(2)将捆扎好的新书下发给每位孩子,并让每位孩子成为新书的爱护人。

(3)两位学生家长分别上讲台讲述新书中的绘本故事。

(4)孩子自由阅读新书。

(5)拍照留念。

(三)制定班级阅读书目

在前期调查的过程中,我发现大部分家长不懂如何为孩子挑选合适的书籍。笔者结合自身的教学经验,总结了几条挑选书籍的有效策略。

(1)书目的种类尽量丰富。对于一年级的小朋友,书目应以绘本为主,还可以加入科普读物和漫画,科普可涉及花草植物、动物、城市生活等不同方面,漫画则类似于《父与子》的优秀读物。

(2)对于阅读刚起步的孩子,建议购买套装书,降低阅读的难度。

(3)对于书籍的选择应该看重文学性和趣味性。教育者应该了解儿童文学的各大奖项和出版社,它们将为图书挑选提供非常好的索引渠道。

① 全球儿童图画书三大奖项——"国际安徒生奖""美国凯迪克奖""英国凯特·格林纳威奖",除此之外还有"美国纽伯瑞儿童文学奖""美国国家图书奖"等重要奖项。

② 国内知名童书大奖,包括"陈伯吹国际儿童文学奖""全国优秀儿童文学奖""冰心奖""丰子恺儿童图画书奖"和"信谊儿童图画书奖"。

③ 对于科普读物的选择,关注以下出版社:英国DK公司、法国巴亚米兰

出版社、日本岩崎书店、法国Gallimard出版社和美国Scholastic出版社。

（4）阅读童书阅读指南的相关书籍，例如彭懿先生的《阅读与经典》系列，包括世界图画书和世界儿童文学（文字书）的介绍。教师能通过这些书籍快速浏览掌握童书的大概内容，搜索适合自己学生的书籍。

教师最好在成立班级图书角前便制定好班级的阅读书目，并对书目进行有效分类，引导家长购买适合孩子阅读的书籍。

（四）朗读故事——推销书籍的最好方式

我已经不止一次听到家长跟我反馈："老师，孩子最喜欢看的书籍就是你在学校讲过的绘本。"任何教育者，特别是家长，不要低估朗读的力量。正如《朗读手册》一书强调的理念：让孩子爱上书本的最佳途径，就是为他朗读故事。

在孩子阅读起步时，教师应最少保证一周两次的故事朗读频率。但朗读的主角却可以是多样的，可以是教师读给孩子听，也可以是家长进校读给孩子听，更可以是孩子讲绘本给孩子听。教师可以借助讲台，让家长参与班级阅读文化的建设，形成良好的家校互动。

（五）保证孩子每周足够的独立阅读时间

合理利用学校午读时间，开展中午"零分贝"阅读活动，为时30分钟。"零分贝"指的是教室保持安静，无人说话，所有孩子沉浸在书本的世界，静心阅读。我会让学生自由选择休息或是阅读，避免让阅读成为强迫性任务。这种方式可同样运用在亲子阅读时光中，一家人保持安静，自主阅读自己的书籍。

低年级（1—2年级）

中年级 （3—4）年级

班级特色活动——班级足球队

【活动摘要】

班级特色活动是基于班主任老师充分了解班级成员特点，结合家校资源、教师本身特长或教学风格所开展的一系列有计划、有目标的教学活动。

以笔者任教班级开展过的"班级足球队"为例，首先，班级所在的学校本身为省级足球特色学校，每学年举行校级的班级足球赛，这为班级开展足球队提供了良好的动力基础；其次，所在班级学生性格活泼外向，集体荣誉感强烈，适合开展此类集体竞技性活动；最后，班级内有相关专业的家长资源，便于家校联动，借助力量。

【活动开展】

（一）方向明确、目标具体

凡事预则立，不预则废，班主任老师在计划成立班级足球队之际，先在班级做好了前期铺垫：

（1）进行了成员意愿摸底，了解成员参与活动的热情度。

（2）联系班级家委会，从学生成长身心健康出发号召家长从精神到物质上支持班级活动。

（3）最后与家委会共同制定好班级足球队的计划目标——以比赛带动日常训练，以日常训练促进学生身心健康。

（二）符合实际、形式多样

在设计班级活动的时候，要始终牢记学生是活动的主体，尊重了解学生的兴趣及需要，因此，我们结合中年段学生的身心特点，同时也考虑到班级活动的可行性和持续性，开展了以下多种形式的足球日常训练。

（1）班级颠球大赛，颠球是足球基本功，也是孩子们足球入门技巧之一，我们通过颠球训练及比赛，提高了孩子们的足球基本功，也吸引了一些本来对足球兴趣不大的孩子加入到训练队伍中。

（2）班级射门大赛，对中年级孩子来说，足球竞技最精彩之处莫过于射门，因此我们通过最直观的射门比赛，使孩子们获得成功感与参与感，调动他们的兴趣和参与热情。

（3）训练打卡积分大赛，对中年级的孩子，训练他们持之以恒地参与一件事情是对他们良好品格的培养。因此，能做到长期参与训练并打卡的孩子，我们都给予了积极的表扬和肯定。（如图1所示）

小星光队员名单

队员	出训次数	队员	出训次数
刘和隽	58	邱启轩	84
袁宇轩	100	邹睿谦	90
陈锌一	97	宁晨煜	95
周君尧	77	陈钇剀	88
谢文钊	76	刘鸣泽	90
陈建宁	100	余鸿昊	57
李培源	103	林宝妍	61
刘依依	99	王钲熙	86
伍添祺	57	黄鼎晟	66
杨智翔	101		

训练时间安排（周一至周五）：
7：20 至 8：00　16：30 至 17：00
训练地点：学校足球场旁或教学楼下平台
出训次数取自2019年03月11日至06月14日的打卡记录

教练及指导老师

邱教练（邱启轩爸爸）　　陈教练（陈欣彤爸爸）
指导老师（邓小冬班主任）

图1

（三）计划严密，有效组织

（1）每一次活动都必须有组织有计划，落实到每一个孩子、家长，确保活动的顺利进行。

（2）善于借助家长的力量，对班主任老师来说，日常教学及学校的常规活动往往占据了大部分的精力，单凭个人之力是难以开展有益于学生身心的活动的，所以，在决定进行某项班级活动的前期，调查班级参与意愿、是否有可以利用的资源、活动的可持续性发展是非常必要的。

【温馨建议】

（1）把我们所做的工作告诉家长，争取他们的配合和理解。

（2）善于借助家长的力量，事半功倍。

（3）班级活动必须以学生为主体。

班级特色活动——童心邀明月，千里共婵娟

【活动摘要】

为让学生真正了解节日，了解中国传统文化，帮助学生增强科学节日文化理念，弘扬创新节日文化，笔者以中秋节为契机，以"童心邀明月，千里共婵娟"为主题，开展了班级中秋节主题活动。

中秋节，是中国民间传统节日，为让学生充分了解我国各地各民族在中秋节里各式各样的风俗、庆祝方式以及其中所承载的中国所独有的文化内涵，笔者联动班级家长，共同在教室里开展中秋节主题活动，让学生在做月饼、吃月饼的活动中感受节日魅力，在集体活动中培养学生的集体荣誉感和班级归属感。

【活动开展】

（一）预热话题，充足准备

（1）为激发学生和家长的参与热情，在活动前，班主任可制作精美的邀请函，广邀学生和家长共同参与。（邀请函附后）

（2）学生分组分课题收集中秋节的节日起源与发展、各地各民族风俗习惯、有关中秋节的美好传说及美好寓意等相关资料。

（3）联络家长，共同策划制作冰皮月饼体验活动。因场地限制，需在活动前备好冰皮月饼的制作材料：月饼馅儿、饼皮、印花模具等。同时号召所有家长积极参与，在家长指导孩子做月饼的过程中，亲子关系亦能得到进一

步提升。

（二）多方互动、分享体验

（1）生生互动，汇报成果。活动前学生已分组调查研究了中秋节的相关资料，此时组织学生分组汇报研究成果，包括：

① 中秋节的起源及发展。

② 有关中秋节的传说与故事。

③ 各地各民族过中秋节的风俗习惯。

④ 有关中秋节的诗词歌赋。

此环节意在帮助学生真正了解中秋节，增强科学节日文化理念。当学生汇报时，班主任需引导全班学生认真倾听他人发言，在学生观点有分歧时，及时组织学生展开讨论。

（2）师生互动，讲解方法。对中年级孩子来说，首次制作月饼是有一定难度的。因此在本次活动中，我们选取了制作流程较为简单的冰皮月饼。活动前，一名家长导师现场为学生讲解冰皮月饼的制作方法：制作月饼馅儿、制作冰皮、团月饼球、模具印花等。

（3）亲子互动，制作月饼。中秋，寓意着团圆。活动当天，我们邀请学生家长来到活动现场，为学生首次制作月饼提供技术指导，进一步提升亲子关系。

（三）玩得开心，悟得深刻

经过本次班级活动，学生对中秋节这一中国民间传统节日有了更深刻的理解，此时邀请所有参与者在留言墙上写下自己的活动感受，共同许下美好期盼。

【温馨建议】

（1）活动前与家长共同策划，争取家长的支持和参与。

（2）活动前邀请家长以班级为单位，准备好做月饼所需的材料。

（3）在一系列的互动活动中，必须突出学生的主体地位。

附：

邀请函

图1

班级特色活动——端午传情，万粽飘香

【活动摘要】

作为中国的传统节日，端午节凝结着中华民族的民族精神和民族情感，承载着中华民族的文化血脉和思想精华。为引导学生了解和感受中华传统节日文化，继承和弘扬中华优秀传统美德，笔者在班级开展了"端午传情，万粽飘香"主题活动，旨在增强学生的民族自豪感和对民俗文化的认同感。

就笔者所任教的班级而言，曾在家长的支持下成功开展过中秋节主题活动，即家长、学生齐聚教室体验做月饼。家长的支持和参与、学生的喜爱和热情及已有的活动经验均为本次活动的顺利开展奠定了基础。

【活动开展】

（一）预热话题，充足准备

（1）为激发学生和家长的参与热情，在活动前，班主任制作精美的邀请函，广邀学生和家长共同参与。

（2）学生分组分课题收集端午节的节日起源与发展、各地各民族风俗习惯、有关端午节的诗词歌赋等相关资料。

（3）联络家长，共同组织策划包粽子体验活动。因场地限制，需在活动前备好包粽子所需的材料，后附分工安排表。

（4）将全班学生和家长分为六个小组，活动前需布置好教室场地，便于活动的顺利开展。

（二）多方互动、分享体验

（1）生生互动，汇报成果。活动前学生已分组调查研究了端午节的相关资料，此时组织学生分组汇报研究成果。通过自主研究、小组合作、交流汇报的学习方式，让学生真正了解端午节。

（2）师生互动，家校合作。对中年级孩子来说，首次尝试包粽子是非常具有挑战的。故活动前需广邀家长参与，导师在讲台上逐步讲解包粽子的步骤，其余家长帮助学生解决包粽子过程中可能出现的各种问题。

（三）分享美食，收获感悟

鉴于教室用电限制，在活动前，教师可鼓励家长在家煮好粽子带来教室分享。当学生体验到包粽子的辛苦和不易后，更能品尝出粽子的美味，也更能感受浓浓的节日氛围和中华传统文化的魅力。

【温馨建议】

（1）活动前与家长共同策划，争取家长的支持和参与。

（2）活动前需调动家长的参与热情，鼓励家长分工准备包粽子所需材料。

（3）在整个活动中，班主任一定要注意沟通协调，将全部家长和学生拧成一股绳，劲往一处使。

（4）在一系列的互动活动中，必须突出学生的主体地位。

附：

表1　分工安排表

洗粽叶	陆钰琳妈妈、林琦妈妈、李立涛妈妈
泡米沥干	刘圳涛妈妈、薛凯伦妈妈、柯浩东妈妈
准备馅料	黄煜翔妈妈备好香菇；黄泽锋妈妈备好猪肉；刘怡婷妈妈备好蛋黄、红豆、绿豆

班级特色活动——我们爱图书，一起做班书

【活动摘要】

2021年的"世界读书日"是我们班52名学生一起度过的第三次读书日活动，我们举行过"最美班级读书角设计和布置""经典图书角色和场景扮演"等推广和庆祝世界读书日的班级特色活动，今年在学生们的提议下，我们决定做一本"班书"来纪念三年级下半学期班级阅读的成果，尝试从读者角度转向编者角度欣赏一本书的诞生。

编辑和出版一本班书首先需要专业知识的加持，这一环节有幸邀请到了本校高年级一名在中资海派文化传播公司担任主编的家长，以学校的名义和文化传播公司举行联合活动，班级推选出学生代表到那里实地学习编辑出版的基本流程，对编辑出版的工作有直观准确的体验。

有了专业的编辑出版知识，通过班级讨论会，每一位学生参与进班书的选题、编辑与策划、排版与设计，最后的印刷由老师和家长辅助完成。

班书成形后，在学校的大力支持下，于世界读书日该周的升旗仪式上全班一同献上了"我们爱图书，一起做班书"的成果展示演出。此次展演排练历时半个月，硬件软件设施、歌舞动作设计等环节充分集聚了学生家长们的智慧和力量。

【活动开展】

（一）参观出版社，初构班书雏形

为筹划班书事宜，学生代表奔赴中资文化传播公司（中资海派），体验

了一场图书编辑与出版的悦读盛宴。第一项活动，聆听一本书背后的故事。中资文化传播公司的创始人对公司的基本情况做了简单的介绍，紧接着，公司总编辑董老师就图书的现代定义、选题、编辑与策划、排版与设计、印制与销售、出版专业用语等六大方面展开了精彩的专业分享。本班学生参与了将一开本纸张折成16开、中英绘本翻译等体验环节。

第二项活动，现场选书与审校。分享过后，学生们在编辑的带领下参观了中资文化传播公司的各个职能部门，实地了解图书的编辑和出版工作的完整流程，并现场挑选喜爱的图书，共同品读。最后，学生们还现场体验了图书审校的过程，现场气氛活跃，纷纷投入图书编辑的乐趣当中。

图1

图2

图3

（二）班级讨论会，落实班书制作

（1）参观归来的学生代表就文化传播公司见闻、班书选题和文本要求、排版设计等方面进行了分享。

（2）每位学生完成各自稿件，相互审校。根据提交的稿件将班书分为虚构和非虚构类两辑。

（3）审校完毕后，各自在定稿稿件上绘图上色。

（4）图文审校无误后，设计封面、扉页和目录，装订成书。

三（6）班　班书编辑讨论会

➤ 与班上同学们热烈分享

➤ 提案属于"6班"的班书

➤ 内容分解—拟定结构—分工合作

图4

1.选题

独特的想法；
体现这个想法的故事和素材；
用文字或画面来表现；
投稿。

2.编辑与策划

确认句子的流畅度；
知识准确度；
编辑书名；
怎么介绍它的内容；
标题怎么写会吸引人。

3.排版与设计

字体的选用；
字数的排列；
封面和内页的设计风格；
书本的材质选择。

4.印制与销售

甄选优质环保的纸张；
确定书本面向的群体；
怎样让人知道和了解这本书。

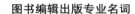

图书编辑出版专业名词

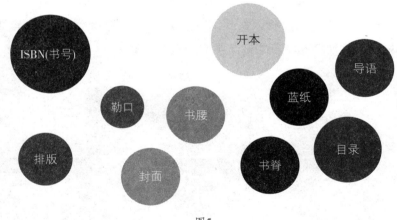

ISBN(书号) 开本 导语 勒口 书腰 蓝纸 排版 封面 书脊 目录

图5

（三）国旗下展演，展示班书成果

第一幕：最美读书声。学生用一首《惠崇春江晚景》的朗诵和吟唱歌颂春季最后一个节气谷雨的到来，并齐诵世界读书日的主旨宣言，用美妙的读书声为世界读书日喝彩。

图6

第二幕：一本书的诞生。学生化身小编辑一同讲述了三（6）班班书诞生的故事，从文化传播公司参观，到班级分享讨论会，再到编辑和审校，最后是班书成书的封面、目录和内页展示。紧接着，一首活泼欢快、振奋人心的《读书歌》让这次精彩纷呈的班级展演活动完美落幕。

图7

图8

图9

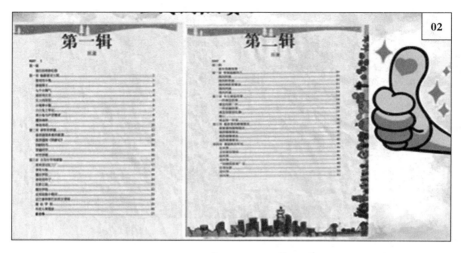

图10

图11

【温馨建议】

（1）举办班级特色活动，要尽量整合班级、学校和家长的资源，让学生得到充分的体验和锻炼。本次活动结合水库小学"升国旗 展风采"德育课程和世界读书日的契机，全班学生一起进行"图书编辑与出版"项目探究，将班书作为项目成果，在升旗仪式的舞台上展示中队的阅读风采。

（2）举办班级特色活动要号召起家长的力量。从文化传播公司参观、班书制作、国旗下演出的排练，乃至正式演出，少不了家校共育的力量，汇聚了老师和家长共同的努力。

中年级 （3—4年级）

同伴交往——组建个性学习共同体

【活动摘要】

个性学习共同体指的是由班级内5—6名学生、组内学生的家长和老师一同组成的小团体，大家互帮互助、携手共进、平等友爱，共同完成相应的学习任务和生活挑战。

中年段的学生个性开始凸显，性格各异的学生在学习生活中不免会产生冲突，激发同伴交往的矛盾，严重者还会影响班级的风气。在低年级过于依赖成人的帮助，社交能力还较弱的学生便容易在集体生活中产生人际问题。对于中年段的学生来说，同伴关系尤为重要，渴望独立和自由的他们急于脱离家长的"控制"，希望获得同龄人的认同和尊重。只有被同伴接纳的学生才能在校园生活中获得快乐和归属感。但过分注重自我和同伴的想法，有时会出现与家长意见相悖的情况，孰是孰非难以判断。不如邀请家长加入孩子的同伴交往，发挥积极的引领作用，构建起学生、同伴、家长、老师四位一体的个性学习共同体，满足不同个体个性的同时，凝聚起团队的独特力量，朝着共同努力的方向前进。

【活动开展】

（一）组建有仪式，多方齐聚力

以一次绘本剧排演活动为契机，按学号顺序（可根据班级具体情况选择分组标准），每5—6名学生自动归为一组。利用一节课的时间举行了分组仪式，包括创意队名、团队口号、抽取所演出的绘本、拍摄团队照等。课后组建各学习共同体的微信群，用于安排活动分工和排练事宜，老师和家长作为后勤和场外指导也加入了此群，个性学习共同体的线上交流平台由此诞生。因绘本剧汇演深受学生的喜爱和家长们的支持，成为了每个学期班级的王牌活动，一直延续，个性学习共同体也因此获得了成长的土壤。

（二）咱娃有烦恼，家长有妙招

自从有了学习共同体，学生们获得了更多和同伴交往的机会和渠道，原本不合群或跟不上团队步伐的孩子，在共同体"一个也不能少"的号召下，逐渐有了改变。一起做值日，一起过关背诵，一起完成学习单，一起排练表演……学生总能在团队中发现自己的特长，有了帮助别人的机会，由此获得同伴的认同和尊重。

学习共同体也加强了家校共育的联结，家长充当起了组织者的角色，运用自己的资源给共同体的孩子们带来了丰富的文体生活。身为足球教练员的爸爸先是带着"奔跑小分队"的孩子到学校附近的球场驰骋，每个孩子的进步和表现都能发在学习共同体微信群里，参与活动的孩子逐渐从一个共同体拓展到其他共同体，给每个学年的年级足球赛输送了一批批专业的小球员，不爱运动的孩子也体会到了足球的魅力。到了小长假，"百尺竿头更进一步小队"和"向学霸进击小队"举行了一场友谊赛，一直看不惯对方的小男生以球会友，从此不分你我。听到学校举行了环保班队课，社区工作的家长利用周末带着几队学习共同体的孩子们在淘金山绿道举办了一场"丈量环保之路"的公益活动，给平日里乱扔垃圾的孩子带来了一场洗礼。周五放学，有家长组织孩子们到东湖公园野餐，在吊床上晒太阳、草地上放风筝、花丛边观察植物，顺便让患有写作困难症的孩子把观察日记的素材积累一下……这样的共同体通过活动，凝聚了不同的家庭，学生成了"兄弟姐妹"，亲密无间，之前的小矛盾在谈笑中消逝，家长们成了朋友，成了孩子共同成长的合伙人，曾经的偏见在聚会中消解。亲子时光和同伴时光双线并进，让家长对孩子们有了更深入的了解，孩子对家长们有了更多的理解。

随着时间的流逝，不同的学习共同体自由发展，展现出了自己的个性，这是共同体内的所有学生和家长磨合和交互的结果，老师只需提供平台，在必要时进行辅助。

图1

图2

（三）疫情突来袭，我们共相伴

2020年初，新型冠状病毒来袭，学习共同体再次发挥了举足轻重的力量。学生能在学习共同体微信群里互助完成学习任务，减轻学习的压力和拖延；老师能通过每日加入一个学习共同体学习讨论会的形式了解每一位学生在家的学习情况、生活状况和其心理的变化；家长能够在学习共同体微信群里以轮班的方式检查每个孩子当天的听写背诵，互相分担辅导压力。

更为关键的是，学习共同体的存在让长期宅家的孩子依然与外界、与同伴发生着链接，学生们无比期待每天的线上读书会，渴望与同伴的分享和交流。学习共同体不仅疏解了学生的学习压力，还疏解了家长们在疫情中面对的压力。团队的关心和温情在面对危及生命的重大卫生事故时是那么的难能可贵。

【温馨建议】

（1）秉持学习共同体平等的原则，不建议专设组长，而是让学生根据任务来商讨分工。

（2）可以和家长解释学习共同体的意义，优秀的做法可在班级群里展示。

（3）老师一定要密切关注不同学习共同体开展活动的情况，及时推进和辅助。

同伴关系——换位思考，创造美好

【活动摘要】

小学三年级，学生们的同伴关系开始进入一个双向帮助的阶段，他们对友谊的认识有了新的提高，但是还不能完全摆脱"自我中心"的心理特点。若不积极引导，那么在学生发生同伴矛盾时，"找老师告状""迫使同伴做事"甚至"大打出手"等现象将愈演愈烈，这不利于巩固同学间的友情，甚至影响班级的班风建设。

在班级建设中，应积极引导孩子们学会换位思考，即站在对方角度看待和考虑问题，这是一种为他人着想的处理人际关系的思维形式。这也能够帮助学生在与他人发生矛盾时，去依靠自己的力量重建友谊。笔者以班级开展的活动为例，分享如何将"换位思考"的内涵传递给同学们。同时，借助家校合作的方式，进一步引导孩子们学会换位思考，创造生活中的小美好。

【活动开展】

（一）善用角色扮演，创造体验"机会"

"换位思考"中的角色扮演法是指通过创设一定的环境，让学习者感受同伴所处的困境或问题，进而从中获得同理心的情感体验的一种学习方法。

结合小学生的认知特征，我们不难感受到单纯的言语说教往往不能起到立竿见影的效果，因此，我们可以适当采用角色扮演法，在实际情景中，创造机会让学生获得真切感受，从而学会替他人着想。

例如，学生小D总喜欢找同学借东西，铅笔、橡皮等等，但是每次都没能及时归还甚至弄丢了。屡次提醒也不见改善。这时，我会请几位孩子扮演小D

的角色，总是在课间去找小D借东西。其间我还会鼓励小D要"乐于助人"。频繁地被人借物，肯定也会引起小D心中的不满，等他开口来找我"告状"时，也正是引导他学会"换位思考"的最好时机。

（二）开展班级活动，促进个体交流

一个班集体对问题的认识和理解，大多需要在班级活动中去形成和发展。因此可以结合同学们的学习和生活实际，设计有针对性的活动去促进学生"换位思考"意识的形成。

笔者曾根据任教班级的特点，组织过以下班级活动，可供参考：

"守护者"活动：首先，将全班的名字分别写在小纸条上。然后打乱顺序，让每一位同学抽一张纸条。接着，每个同学都要"悄悄地"去关注纸条中的同学，即做一个守护者。例如，日常多关注他、帮助他，想一想他需要什么等等。最后，在最后一天公布，看看有没有同学能够猜出谁是自己的"守护者"，并分享感受。

本活动是利用随机性的方式，让班级的孩子们能够通过"活动"的方式去熟悉彼此，并且通过"换位思考"的方式去理解和帮助自己的同伴。

（三）巧用榜样示范，从学校到家庭

众所周知，小学阶段的孩子模仿能力是很强的。因此，这对我们班主任工作提出了很高的要求，因为在学校的老师中，孩子们接触最多的便是班主任，我们的一言一行都深深影响着他们。同理，在家中，父母便是最亲近的行为示范者。所以，无论父母还是老师，都应该发挥好自身榜样作用。

班主任要与家长积极沟通交流，给予家长及时的反馈，引导家长将"换位思考"的处事观念通过日常的交往传递给孩子。这样，便会潜移默化地促进孩子的"换位思考"思维方式的养成。

【温馨建议】

（1）每一个孩子都是独一无二的个体，当遇到不同学生之间相似的同伴矛盾时，班主任不要只凭借"经验"处事，应理性看待问题背后的根本原因，对症下药。

（2）班主任与家长沟通孩子的同伴相处矛盾之前，要倾听家长分享孩子在家中的状态，再结合孩子在学校的状态综合去分析问题。

同伴交往——做一个受欢迎的小伙伴

【活动摘要】

随着年龄的增长，同伴关系对学生的影响也越发重要。中年段的学生已经掌握了一些基本的交往礼仪和礼节，但由于每个孩子的成长背景、看待问题的角度、表达方式等各不相同，在交往中不可避免地会产生矛盾和冲突。有些同学举止粗鲁莽撞，不懂得顾及别人的感受，其自以为是的交往方式常常难以被同伴接受，不受欢迎。

班主任可以通过开展班会活动，与生活实际相结合，引导学生认识到在同伴中受欢迎和不受欢迎的原因，体验受欢迎的快乐，调整自己的行为，学习与同伴交往的方法，建立良好的同伴关系。

【活动开展】

（一）活动准备

班主任在开展活动前先在班级进行问卷调查，摸清学生在同伴交往中的状况，针对收集的信息进行整理分析，再设计开展活动。

问卷调查的内容可以设计为：

（1）在班级里，你最喜欢的同学是谁？为什么？列举至少三个理由。

（2）在班级里，你最不喜欢同学存在哪种行为表现？列举至少三种表现，并说说原因。

（二）颁发"最受欢迎同学"奖

（1）据问卷调查结果，班主任推选出班级中大家比较认可的学生，举行颁发仪式，授予"最受欢迎同学"奖。

（2）引导学生讨论：从"最受欢迎同学"的同学身上，可以看出什么样的人才是受欢迎的小伙伴。

（3）学生发表意见，班主任相机小结，利用课件列举出受欢迎的伙伴应该具备的品质。如，待人真诚，乐于助人，阳光开朗，自信好学，文明有礼，有责任心……（以表格的方式呈现）

（4）请学生按照所列举的"最受欢迎小伙伴"特点，看看自己做到了几点？符合的内容越多，说明自己越受欢迎。

此活动环节，旨在使学生正确认识什么才是受欢迎的行为表现，思考如何做一个受欢迎的人，借此体验备受欢迎的快乐。

（三）设计情景表演

（1）根据班级实际，设计情景表演。

班主任根据问卷中第二个问题的调查结果，归纳设计成几个小案例。课前组织学生排演成小情景剧。如：

情景一：方方和圆圆是无话不谈的好朋友，可圆圆在跟其他同学聊天的时候，总会把方方的秘密告诉别人。

情景二：小虎热情爱热闹，经常喜欢跟大伙玩。可是玩游戏的时候不知轻重，有时用力过猛把这位同学推倒，有时不小心把那位同学撞伤，生起气还会冲动打人。

情景三：丽丽跟同学玩的时候，总要大家听她的主意，如果有意见不同的时候，她就要闹别扭、生气了。

……

（2）让学生讨论在同伴交往中这样的行为表现受欢迎吗？分析原因并支招帮忙。

（3）班主任根据学生的讨论结果，列举不受欢迎的特质，如：不守秘密、粗鲁蛮横、自高自大、斤斤计较、多嘴多舌、自私冷漠……请学生对照自身，看看自己是否也存在有这样的问题。

子曰："见贤思齐焉，见不贤而内自省也。"每个人心里都应该有一把尺子，在丈量别人行为的时候，也应该对自己的行为举止进行反思，反省自己有没有类似的问题，有则改之，无则加勉。

（四）做"受欢迎的小伙伴"

（1）回顾总结，使学生更加明确与同伴交往时应具备的基本态度和行为规范，鼓励学生身体力行。给学生提供一份成为受欢迎的人的秘方：

面带微笑，宽容有礼；

赠人玫瑰，手有余香；

乐于倾听，勇于表达；

善待别人就是善待自己……

（2）每个同学都想做个受欢迎的人，你要怎么做才能成为（或继续成为）一个受大家欢迎的小伙伴呢？请为自己制定一份行动计划吧！当然，可以回家请爸爸妈妈给你提供一些建议哦。

通过制定行动计划，使学生强化对"受欢迎"特质的认识，从而在生活中有意识地去要求自己的行为规范，避免做出不受欢迎的表现。

【温馨建议】

（1）活动准备要充分，做好问卷调查和分析，做好情景表演的安排。

（2）给家长提供有关"在同伴交往中如何成为一个受欢迎的小伙伴"的资料或者方法，使家长可以有效、真正地帮助到孩子。

同伴交往——重新认识身边的人

【活动摘要】

当孩子进入中年级后，开始拥有固定的玩伴，班级出现"小团体"。对于不善交际的小朋友来说，他们很难融入进去。为了打破这种班级隔阂，班主任应该通过活动，制造机会让彼此不够熟悉的孩子多多相处，拓宽小朋友的交友圈，从而让学生获得主动交友的能力。

与此同时，在学习方面，小组合作学习，同伴互学的能力在学生能力养成中所占的比重逐渐升高。但在日常教学中，小组合作容易出现因为几位小朋友彼此不够熟悉，或者不懂得如何交流，从而出现冷场、不吭声或者为谁先发言这种题外问题争执不断。此次活动中，老师将会设计许多团体小任务，以任务为导向让孩子主动去交流合作。这样的交友实践练习也将为同伴学习做良好的铺垫。

孩子交友能力的培养，受孩子的成长环境和性格限制，非一朝一夕能养成。教师在引导过程中，在重视理论指导的同时，更要注重通过巧妙的活动设计，给予孩子丰富的团体活动内容，让孩子在实践中习得。因此，此次活动最少需要一周的时间去完成。

【活动准备】

（1）每人准备一本"交友手册"，记录每天新结交的朋友。

（2）每人设计一张个人名片，一式五份，名片上介绍自己的名字、喜好、兴趣以及对新朋友有怎样的期待。

（3）在教室的墙壁上准备一面点赞墙，可以张贴便利贴。

【活动开展】

（一）戴着一副鼓励的"有色"眼镜去认识他人

通过分享绘本故事——《霍德华——世界上最糟糕的小孩》，让孩子明白不能总以眼前固有的印象去评价一个人，要相信真心的鼓励和夸赞能让人发生改变。在宣布活动开始后，和孩子们约定好，不管是记录交友日记，还是写点赞墙，活动从始至终都要戴着一副鼓励的"有色"眼镜去看待他人。

（二）每天结交一位新朋友

（1）每天通过抽取数字、卡通人物等方式，抽到相同数字或者相同卡通形象的孩子自动成为彼此要结交的对象。

（2）彼此分享名片，交流，询问问题，努力去了解对方的喜好。

（3）每日设置一个任务，需要两位孩子共同完成。任务的成果最好能够公开展示，例如：共演一段简短的课本剧，共读一段文字，共写一张书法作品；每天抽取五组左右的孩子进行展示。

（4）放学前，完成一次心灵默契测试。以选择题的方式出现，测试孩子是否了解对方，例如：

① 你们两个人之间谁更加喜欢体育课？A. 张小雨 B. 林子铭

② 如果发生争执，你们两个人谁会主动道歉？A. 张小雨 B. 林子铭

③ 如果两个人周末约定出去游玩，会去哪里？A. 商场 B. 公园

（5）展示结束后，写一则小小的点赞语，说说在一天的相处中，你发现了对方哪些值得夸赞的优点，贴在点赞墙上。

（6）张贴完点赞语后，重新抽签，匹配新的朋友。

（7）回家后，记录好当日的交友笔记。

（三）画一张新朋友漫画

通过漫画的形式进行创作，孩子将一周以来结交到的新朋友绘画出来，最好能画出特点，再给每位新朋友写上一句鼓励或者祝福的话语，集体展示。

【温馨建议】

（1）整个主题活动需要尽量多地给予学生交流、合作的时间和空间。

（2）把活动的目的、要求提前告知家长，取得家长的支持与帮助。

（3）对于活动结果不可勉强，只能引导，不可强求。天性原因，有些孩子是很难成为朋友的。只要保证两人在彼此不够欣赏的情况下，依旧能合作完成任务，能发现对方的优点，便达到活动目的。

同伴交往——善待他人，惠及自己

【活动摘要】

同伴交往指儿童或青少年与同一年龄阶段的伙伴之间的交往。小学中年级的孩子对人际交往的需求十分迫切，但是由于其自我意识的增强，以及缺少必要的交往技巧和经验，常常容易导致冲突的发生。因此，让孩子学会友善待人尤为重要。

以笔者任教班级开展过的"善待他人，惠及自己"教育活动为例，首先，通过游戏，认识、体会"友善"；其次，通过友善待人训练营，让学生学会团结、学会欣赏、学会助人；最后，通过制作友善之花、齐唱友善歌。

【活动开展】

（一）友善待人我知道

通过表情传递游戏、字源识字等方法，让学生理解什么是友善、怎么样的行为才是友善以及友善是会传递的。

1. 体会友善

表情传递游戏，几位同学分别做高兴、生气、搞怪等表情，后排同学进行接龙。总结：我们的表情、行为和语言都是会传递和传染的，我们如何对待别人，自己也会收获到什么。

2. 认识友善

出示"友善"的甲骨文，"友"字是朝同一个方向伸出的两只手，表示我们每个人都应该伸出手来帮助别人。"友善"就是友好、友爱地善待每一个人。

3. 友善评分表

（1）善于观察和发现同学的需要，在同学遇到学习、生活困难时，用行动表达关心和支持。

（2）当影响到别人时，及时向同学表达歉意。

（3）宽容地对待他人，当发生冲突时，能谅解他人，主动化解矛盾。

（4）与他人相处时，常常微笑，善于使用友善用语。

（二）友善待人训练营

通过团结合作过马路的游戏，让学生体验良好沟通、互相信任是友善待人的前提；在优点清单收集的过程中，罗列朋友的优点，激发珍惜好朋友的情感；在爱心义卖活动中，让全体同学从小树立关爱他人的意识，养成乐于助人、乐于奉献的良好品质。

1. 团结合作过马路

两个同学为一组，一位同学蒙住双眼，另一位同学指导另一位同学通过"马路"。"马路"上有椅子、篮球等障碍物，通过障碍物抵达终点为获胜，从游戏中体会到"信任"。

2. 优点清单大收集

罗列身边同学的优点填写在优点清单里，如在学习方面、特长方面、性格方面、品行方面等，并畅谈和朋友在一起时的幸福时光。

3. 爱心义卖活动

在班级开展小小跳蚤市场，学生担任爱心大使进行义卖物品。此次爱心义卖所得，将用来帮助身陷困难的同学。

（三）我们的友善约定

填写友善之花，在花朵内填上友善宣言"当　　（同学）遇到（什么困难），我会＿＿＿＿＿＿。"并将友善之花贴在班级里的"友善树"中，亲身体验到友善从种子到落地生根到开花成长为大树的过程。

【温馨建议】

在"优点清单大收集""友善之花齐制作"之前，可以设计好送给同桌、送给朋友等环节，尽量让每一位同学都能收到来自朋友的善意。

品格养成教育——勇敢在心中

【活动摘要】

品格教育是德育教育中的重要组成部分，有效的品格教育对学生健康的成长以及综合素质水平的提高都起着重要作用。其中，勇敢是每个人必备的品格，是一种巨大的精神力量。

勇敢品格的培养是一个循序渐进的过程。以笔者任教班级开展过的"勇敢在心中"品格养成教育活动为例，首先，通过分享勇敢故事，让学生了解什么是勇敢；其次，通过勇敢成长训练营，让学生拥有勇敢的体验；最后，总结勇敢锦囊、宣读勇敢约定，让学生将勇敢内化为自身的品格，从而更有信心、更加机智地去克服各种困难。

【活动开展】

（一）勇敢品格我知道

通过分享勇敢故事，让学生从故事人物身上体会到积极向上的精神、增强克服困难的勇气，从而理解什么是勇敢、怎么做才是勇敢的行为。

1. 体会勇敢

分享《木兰替父从军》的故事，花木兰凭着勇敢替父从军，在数十年后凯旋。思考：不幸的命运让花木兰失去了什么？勇敢的品格又让她得到了什么？给我们带来了什么样的启示？

2. 认识勇敢

什么是"勇敢"？ 勇敢是一种敢于面对挑战、克服困难、勇于担当、为达到目标而果断行动的精神和行为。

3. 勇敢行为评分表

（1）我能坚定自己的立场，大胆地表达自己的意见。

（2）我敢于面对挑战，积极思考，用行动来克服困难。

（3）我敢于承认错误，反思自身不足，及时改正错误。

（4）我敢于承担责任，努力完成任务，为自己的言行承担后果。

（二）勇敢成长训练营

培养学生的勇敢品格，需要通过一系列勇敢品格的训练活动，来让学生体验到勇敢精神、增强学生对于勇敢的信心。

1. 我能大声说出来

拿出准备好的卡纸，卷成喇叭形状的"勇敢扩音器"。学生走到讲台上，手持"勇敢扩音器"，学习如何大胆地当众表达自己的意见。

2. 勇敢职业大体验

采访身边的军人、医生、消防员等，了解：他们的职责是什么？他们为了国家可能会做哪些牺牲？他们如何勇敢地面对困难？有机会的话可以去军队、医院、消防队等体验生活。

3. 救助伤员障碍跑

设置情景，如学生都是消防员，需要去救助被困的伤员。在操场上规定好路线，并使用栅栏、呼啦圈、雪糕筒、桌子等器材设置障碍物，学生通过跨、钻、攀、爬等各种方式克服障碍来救助伤员。小组比赛，并进行反思总结。

（三）我们的勇敢约定

勇敢的品格能伴随学生的一生，通过总结勇敢小锦囊、宣读约定宣言，让学生将勇敢内化为自身的品格，从而更有信心、更加机智地去克服各种困难，迎接生活当中的不同挑战。

1. 勇敢小锦囊

锦囊一，红灯停，遇到困难时停下来深呼吸进行放松。锦囊二，黄灯思，换个角度积极地、多维度地思考问题。锦囊三，绿灯行，尝试各种办法来解决问题。

2. 我们的约定

小组讨论制定勇敢约定，派小组代表全班交流讨论，全班齐读勇敢约定。

3. 诗歌颂我心

全班齐读诗歌《勇敢飞翔》，在情境中熏陶学生、感染学生，从而得到潜移默化的影响。

【温馨建议】

（1）在勇敢品格的培养中，要发现学生的闪光点，及时表扬勇敢的学生，给其他学生树立榜样。

（2）培养学生的勇敢品格，需要学生在不同的活动中体验才能达到最佳的效果。有条件的话可以组织露营、登山、徒步等活动，在活动中磨砺意志，培养面对困难的决心和勇气。

品格养成教育——亲情无限 感恩常在

【活动摘要】

感恩一直以来都是中华民族传统美德之一，也是精神文明建设中不可或缺的一部分。学生要在懂得感恩的基础之上，再将感恩付诸行动，真正做到知行统一。

以笔者任教班级开展过的"亲情无限 感恩常在"教育活动为例，首先，通过广告视频、成长故事，让学生感悟到成长中父母的艰辛付出；其次，通过走进父母的岗位、牵牵父母的手、护蛋大作战等活动，让学生体会父母的辛劳；最后，引导学生进行反思，意识到要为父母做力所能及的事情。

【活动开展】

（一）感恩品格我知道

观看公益广告Family和翻看成长相片，让学生感悟到成长中父母的艰辛付出，为感恩打下了情感积淀。

1. 体会父母恩情

观看中央电视台公益广告Family，感受没有父母的精心培育，就没有今天的我们。

2. 听听我的成长故事

整理自己的照片，听爸爸妈妈说自己小时候的故事，在学校里和同学分享爸爸妈妈和自己之间的成长故事。

3. 感恩评分表

（1）我要感知到自己所拥有的一切，并感到珍惜和满足。

（2）我能感谢父母的养育之恩，感谢师长的谆谆教诲，感谢同学朋友的关心帮助。

（3）我要用力所能及的方式来报答帮助过我的人。

（二）感恩品格训练营

每个孩子的成长都离不开父母的呵护和用心陪伴，通过走进父母的岗位，了解父母工作的艰辛；牵牵父母的手，体会父母的日夜操劳；护蛋大作战，了解父母爱护宝宝的各种方法，感受父母对自己浓厚的爱。

1. 走进父母的岗位

在假期里，学生走进家长的工作单位，跟着爸爸或妈妈工作一天，初步感受父母工作的辛苦，并在活动后写下活动体会。

2. 牵牵父母的手

家庭成员围坐在一起，学生蒙住眼睛摸摸他们的手，通过触感来感受家人日夜操劳的手掌，并猜测这是谁的双手。同时，向大家介绍你和这双手之间的故事。

3. 护蛋大作战

每个学生准备一个鸡蛋宝宝，给鸡蛋宝宝美化并取个名字。要求鸡蛋宝宝一整天都需要带在身上，并且保证鸡蛋宝宝的完好无损。

（三）感恩在行动

回顾日常生活，进行反思：父母为我做了什么？我为父母做了什么？我还能为父母做些什么？

【温馨建议】

通过多种活动形式，让学生能尝试着站在父母的角度来看待事情。让学生明白，感恩父母，并不是轰轰烈烈的口号，而是要从点滴小事做起。

财商品格培养——花出来的快乐

【活动摘要】

早晨，学校附近的早餐便利店挤满了学生，不少学生就在路边狼吞虎咽地吃着包子面条。一放学，三五成群的学生一窝蜂奔向零食小吃店，享受和同伴的闲暇时光。回家路上，可以顺便在文具小店把必需的学习用品置办齐全。要是家长不允许购买格外的零食或喜爱的小物件，还能变着法子问爷爷奶奶要些零花钱或向朋友先借着。零花钱给学生带来了生活的便利，若未能及时塑造消费的观念和意识，也会带来不少麻烦。

中年级学生已经对金钱、价格、节俭和规划有了一定的认识，给合理消费的观念养成奠定了知识基础。随着年龄的增长，学生获得零花钱的机会和数额，独自的消费需求和行为开始增多，对零花钱的管理逐渐影响他们的交友、生活习惯、亲子关系等。因此，学习如何合理支配零花钱迫在眉睫。

通过这次活动，达成以下目标：学会合理支配零花钱，判断消费需求是否合理；根据合理消费的判定要素，包括消费的重要性与迫切性，了解商品的分类；能简单制定经费预算表，能制作简单的收支记录表，能够为某个目标制定简单的储蓄计划；认识合理支配零花钱的重要性，能和父母沟通，达成合理赚取与有效使用零花钱的一致意见。

【活动开展】

（一）建造小金库——零花钱从哪来

课前，通过问卷星完成关于零花钱的问卷调查和数据分析。课堂上，围绕关于零花钱的话题，根据同学们的选项和日常生活展开讨论。例如：学生需不需要零花钱？零花钱多久给一次？一次给多少比较合适？零花钱需不需要固定数额？零花钱可以花在什么地方？有什么管理零花钱的好方法？花自己的零花钱需不需要得到父母的同意？没花完的零花钱怎么处理？讨论步骤如下：学生提出问题，罗列话题；选出其中一个话题，班级内讨论，得出结论；分小组讨论其他话题，完成各自得记录单；小组分享讨论成果；班级内总结。课后，学生填写《一周收支记录表》尝试记录一周以来关于零花钱赚取和使用的信息，选取极为代表性的表格进行展示，并邀请学生解说。随后，让学生和家长举行一场亲子座谈会，讨论获得或赚取零花钱的渠道，共同开启各自的零花钱小金库计划。

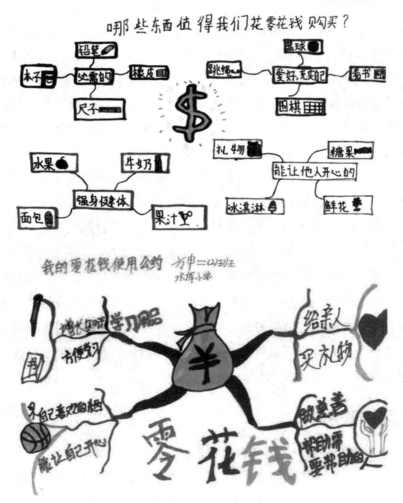

图1

（二）管理小金库——零花钱怎么花？

先在课堂上讨论出有关购物的好方法，如列好购物清单、货比三家、按需购买、环保为先等等。接着，完成一次"财宝大闯关"：假如本月你一共有100元零花钱，你会选择购买下列哪些商品？说出你的理由。商品如下：颜料35元一盒、画笔5元一支、普通中性笔2元一支、玩具中性笔15元一支、乐高100元、包子1.5元一个和辣条3元一包。学生各自说出自己的购买计划和理由后，老师引导学生将商品归纳为四种类型，分别是替代品、必需品、互补品和奢侈品，并概括出五点消费要素，重要性与迫切性、控制欲望、量入为出、不过度消费和不盲目攀比。最后，讨论不同的省钱小妙招和遇到伪劣假冒产品的维权技巧。

（三）小金库大作用——学会储蓄

共读讲述财富的故事书《小狗钱钱》，钱钱是一只神奇的宠物狗，它教会一个12岁的小女孩怎样和钱打交道。师生课堂上共读本书的第一章和第二章，讨论阅读感想。模仿书上的情节，一起完成财富愿望清单、梦想相册和梦想储蓄罐，明确零花钱除了消费花出去以外，还能够用来储蓄和投资。最后，利用一学期的时间完成梦想储蓄记录表，期末进行分享总结。

【温馨建议】

（1）"愿望清单"这个环节在学生思考动笔之前，老师可以先让学生讨论，选择合适难度的愿望作为参考。

（2）学生的零花钱有可能出现数额差距较大的问题，建议事先和家长协商，规定零花钱的大致范围，避免不必要的攀比。

（3）储蓄环节的监管，建议可采用邀请家长协助，分小组定期分享，班级内定期分享等措施。

班级归属感——一起过"节"共欢乐

【活动摘要】

怎么增进班级归属感？如何塑造融洽、团结、向上的班级氛围？一起过"节"是妙招。一年到头总有大大小小的节日，从喜迎新气象的新年、锻炼劳动技能的劳动节，到体现自然节律的节气、某个学生的生日，都是令人欢喜的日子，蕴含着不同的祝福和含义。

节日庆祝活动的策划和筹备，让学生们在齐心协力中体会集体带来的幸福和荣誉。了解节日的目的、了解付出的意义、了解身边一同学习成长的那位同学，在节日活动的欢乐中愈合日常的摩擦和冲突。

【活动开展】

（一）庆元旦，喜迎2021

写对联，录新春祝福Vlog。心灵手巧的学生们写好新年对联、做好小灯笼、做好小组桌牌，为元旦庆祝活动的来临布置教室。在活动开始前，全班在装扮好的教室一同录制了新春祝福的小视频，送给老师和家人们。

抽盲盒，送祝福。每个学生在活动开始前各自准备一份新年礼物，包装好后，逐一贴上号码牌，按抽签的数字，领取"盲盒"礼物。

文艺汇演。新年绘画展示、场外独奏会（钢琴、架子鼓等乐器提前录制好，当场播放视频）、弹唱歌曲、舞蹈、朗诵、快板等文艺演出齐上阵。

小丑叔叔来助阵。家长聘请的小丑演员来到教室，和在场的家长和学生一起给气球做造型，做游戏。

图1

（二）劳动创造幸福之跳蚤市场

时值劳动节前夕，为锻炼学生的劳动意识和环保再利用的观念，班级联合年级举行跳蚤市场，将还有价值的二手商品，如九成新的玩具、书籍等整理翻新在跳蚤市场上销售，或和家长一同学习制作健康小吃在跳蚤市场中销售，销售所得用作慈善捐款或留作班费。在活动中，学生要负责摊位的设计和布置、商品的准备和促销。

图2

（三）玩游戏过节气

共读绘本《二十四节气》，用节气的主要物候特征结合大富翁游戏设计出"节气飞行器"，利用各节气主要产出的水果设计出游戏"水果大作战"，通过游戏挑战闯关的形式，识节气，过节气。

图3

（四）一起过生日

每月班里都要举办一次形式不定的生日会，为同一个月份生日的学生庆祝生日。由同学一对一写生日祝福卡、做生日头套、用小寿星的照片做微视频……总少不了的是全班演唱的生日歌，每月一份小惊喜，增添的是52份的祝福。每一场生日会负责策划准备的小组成员都会和小寿星们合影。

图4

【温馨建议】

（1）班级节日庆祝活动要根据班级现状进行针对性的环节设计，让过节具备德育价值。

（2）活动的开展充分利用家校资源，丰富活动的深度和广度。

高年级

（5—6）

年级

班级特色活动——社会交往

【活动摘要】

小学高年段的学生开始进入青春期。第二性征的出现，在他们内心深处产生了男女有别的朦胧认识，对两性的认识逐渐变得敏感。这就使得他们在与异性的接触或交往中，往往会产生羞涩、排斥等不自然的感觉，有时候与异性的接触会引起其他同学的耻笑或议论，因而出现了"心有相互吸引之力，而行又互相疏远"的现象。这种现象既不利于男女生的正常交往，也不利于学生身心的健康成长。

为了让学生对异性交往有一个正确的认识，树立健康的异性交往观念，形成正确的异性交往态度，笔者设计了"男生女生，快乐同行"的主题班会。让学生了解异性交往中应注意的一些准则，做到与异性朋友较好地相处。

【活动开展】

（一）小活动大体验

（1）请8组男生女生合作穿针引线，男孩子拿针，女孩子拿线，最快完成的小组赢得奖励。

（2）请前3名完成的男女生说一说成功的秘诀。

（3）师小结：男生女生需要一起合作才能赢得游戏。在生活中，男生女生通力合作，互相欣赏，互相帮助，才能构建一个积极向上的班集体。

（二）优点大挖掘

（1）请女生说一说男生的优点，并把优点板书在黑板上。

（2）请男生说一说女生的优点，并把优点板书在黑板上。

（3）说一说男生和女生有哪些缺点需要改正。

（三）成长小剧场

（1）案例——表演。

案例一表演：小明和小红是同桌，他们是好朋友，经常一起玩。有一天，课间餐小红不想喝牛奶，就把牛奶送给了小明。于是，有同学起哄，说他们两个在"谈恋爱"，小明和小红非常苦恼，都不敢和对方说话，好朋友形同陌路。

小组讨论：如何看待同学们起哄的行为？小红和小明的烦恼如何解决？

案例二表演：小丽和小鑫是同桌，可是他们并不是好朋友，在课桌上画了一条"三八线"，约定好不能"过界"。有一次，小丽的手肘过了"三八线"，小鑫拿笔戳了她的手肘。小丽很生气，于是扔掉了小鑫的书。小鑫和小丽都不喜欢和对方做同桌。

小组讨论：如何看待小丽和小鑫的行为？他们的烦恼如何解决？

（2）我来演一演：请小组演一演他们解决问题的做法。

（3）小结：起哄行为不可取，大大方方做朋友。交往不可太计较，文明礼貌人人夸。

（四）交往百宝箱

（1）小组合作讨论，男女生快乐交往的过程有什么好建议。

（2）总结好建议：

① 要尊重异性同学，行为举止要文明礼貌。

② 换位思考，站在对方角度思考问题。

③ 说话注意分寸，不做伤害对方身心的事情。

④ 出现矛盾要及时沟通，必要时请老师帮忙。

（五）诗歌朗诵《男孩女孩》

男孩是本巨著，记着一生的英勇潇洒。

女孩是首小诗，载着无比的温文尔雅。

男孩像块坚石，大风大浪掠过，石块儿依存。

女孩像颗星星，无际黑暗难掩，那星光点点。

男孩爱穿一身牛仔外出兜风，

女孩爱撑一把花伞雨中散步，

男孩爱骑快车满街穿梭显威风，

女孩爱叽叽喳喳走马观花看闹市。

男孩女孩不相同，都是妈妈的好孩子，

男孩女孩并肩走，都是祖国的好花朵！

（六）班会总结

男生女生各有优点，我们要学会欣赏与学习。男生女生的正常交往不需要扭扭捏捏，互相尊重，互相帮助，大大方方的友谊能让班集体更加温暖。

【温馨建议】

作为父母，不要羞于和孩子沟通一些青春期、生理发育、性方面的论题。青春期的孩子，身体和心思都会发生许多改变。家长可以多多关心孩子，以朋友的身份进行沟通，尊重孩子青春期的疑惑，把一些生理发育的常识告诉孩子，让孩子自己观察对比，给予孩子正面的引导。面对孩子们青春期的异性交往，家长以平常心应对，可以组织一些户外活动，不仅可以消除两性之间的神秘感，好奇心，还可以让孩子们在轻松愉快的氛围中学习与异性朋友的交往与相处。

班级特色活动——抗挫折教育

【活动摘要】

目前，我国小学生心理承受能力相对较差，遇到挫折时不能正确面对，导致事故频发。

因此，提高小学生的抗挫折能力和培养小学生坚强的意志力是非常重要的。这个教育过程，需要遵循小学生的身心发展规律，结合社会资源，开展丰富多彩的教育活动，家校共育，构建社会、学校、家庭三者的教育合力。

以笔者任教班级开展的"不惧挫折，阳光成长"班会为例。首先，创设情境，感受挫折，让学生回忆在生活中遇到的挫折，打开话匣子，互相交流；接着，通过折纸游戏感悟挫折也能带来积极的影响，引导学生思考要如何面对挫折；最后，一起学习伟人案例，汲取力量，制作一个抗挫折的小锦囊。

【活动开展】

（一）创设情景，引发思考

1. 创设情景，感受挫折

播放视频《爱迪生》：爱迪生在实验中失败五千多次后，功夫不负有心人，终于发明出钨丝灯泡。钨丝灯泡发出的光线十分明亮，又不易烧断，适合长期使用，逐渐成为我们夜晚中必备的照明工具。

看完视频后，请学生围绕故事进行讨论：爱迪生在发明钨丝灯泡的过程中遇到了什么挫折？他是如何克服并取得成果的？你在这个故事中感受到爱迪生的哪些品质？

2. 了解挫折，故事分享

在现实中，每一个人的生活道路都不可能是一条笔直平坦的道路，总是布满坎坷与荆棘。挫折就是生活中我们遭遇到的困难与失败。同学们在生活中有没有遇到相似的经历？是如何对待的呢？小组内互相交流。

（二）直面挫折，不惧挫折

1. 游戏体会

每个同学分两张A4纸，一张保持平整，代表没有遇到困难与挫折的人生。另一张A4纸代表过去遇到的挫折，遇到一次挫折就对折一次。将两张纸分别放在架子上，中间悬空，看看哪张纸可以承担更多的重量。游戏结束后，同学们分享交流感悟。

2. 感悟总结

在人生奋斗的过程中难免遇到挫折。有时候，挫折是一个不满意的分数；有时候，挫折是离竞选成功差的那一票；有时候，挫折是困难本身带给我们的一种紧张、不安、失意的情绪反应。挫折在弱者面前是一块绊脚石，但在强者面前却是一块垫脚石。挫折也有积极的作用，它就像折叠的纸，增加了我们生命的厚度，让我们能肩负起更多的重量。

3. 不惧挫折

面对挫折有哪些好方法？请同学们畅所欲言。

（1）自我鼓励，保持乐观。发现自己有进步的地方，做得好的地方，摆脱消极心理，给自己温暖的鼓励。

（2）寻求帮助，多重解决办法。不要被现在的挫折困住，请教你的父母、老师、同学们，集思广益，从别的角度解决问题。

（3）采取积极的行动。挫折令人气馁，但是请不要放弃，就像爱迪生说的"许多失败者意识不到在他们放弃时实际上已经离成功不远"并且"惊喜和逆转可以是伟大成就的奖励。"

（三）向伟人学习

（1）同学们分享收集到的抗挫折名言、伟人的抗挫折故事。

（2）给自己写一句鼓励的话，或者记录对抗挫折的好方法。装到锦囊袋子，以后遇到挫折的时候打开来看看。

【温馨建议】

（1）当孩子遇到挫折时，家长不要急于指责孩子犯下的错误；当孩子因此感到灰心丧气，甚至流眼泪时，家长不要让孩子立刻停止哭泣，甚至嘲讽孩子此时的无力。家长要及时安慰，给予孩子宣泄情绪的渠道，耐心倾听孩子对于此事的想法。当孩子冷静下来后，再一起分析问题，解决问题。

（2）当家长在和孩子分析挫折时，要学会正确地归因。美国心理学家伯纳德·韦纳认为，人们对行为成败原因的分析可归纳为以下六个原因：能力、努力、任务难度、运气、身心状态、其他因素。

（3）成长中遇到挫折是很正常的，但是每个孩子的抗挫折能力是不一样的。家长在日常生活中多陪伴、关爱孩子，给予孩子坚定的心理支持，能让孩子更有信心面对成长中的考验。

高年级 （5—6年级）

班级特色活动——生命教育

【活动摘要】

面对疫情的突发，许多小学生出现了紧张、恐慌等不良情绪。停课不停学期间，小学生面对学业压力、亲子间的不良沟通，也出现了不同程度的烦躁情绪，甚至有的人不堪重负做出冲动的行为。面对种种情绪问题，我们要怎样调节不良情绪呢？怎样保持积极向上的心态，热爱我们的生命呢？

以笔者任教班级开展的"做情绪的小主人"班会为例。首先，创设情景，思考心理学上的"踢猫效应"。接下来，通过游戏体验"喜、怒、哀、惧"四种基本情绪，明白情绪无好坏之分，情绪管理并非是消灭情绪，而是疏导情绪并合理化之后的信念与行为。最后，学习心理学上"情绪ABC"理论和调节情绪的方法。让学生学会做情绪的小主人，热爱生命，让自己的生活每天都充满阳光和快乐！

【活动开展】

（一）创设情景，引发思考

（1）看一看：视频播放故事《踢猫》。

一位父亲在公司受到了老板的批评，回到家就把沙发上跳来跳去的孩子臭骂了一顿。孩子心里窝火，狠狠去踹身边打滚的猫。猫逃到街上，正好一辆卡车开过来，司机赶紧避让，却把路边的孩子撞伤了。

（2）想一想：你有什么感触？想对这位父亲说什么？

（3）小结：这就是心理学上著名的"踢猫效应"，描绘的是一种典型的坏情绪的传染所导致的恶性循环。

（二）认识四种基本情绪

（1）游戏体会"情绪变变变"。

① 准备四张"情绪卡片"，卡片上分别写上"喜、怒、哀、惧"。

② 让上台的学生随机抽出一张卡片，用表情、动作等非语言信息表达卡片上所写的情绪。让台下的同学猜台上的同学要表达什么情绪。

③ 请出四位同学讲一讲自己生活中有这四种情绪的事例。

④ 组织学生讨论：情绪有好坏之分吗？为什么？

⑤ 学生小组内交流，请代表发言。

⑥ 小结：情绪无好坏之分，一般只划分为积极情绪和消极情绪。由情绪引发的行为则有好坏之分、行为的后果有好坏之分，所以说，情绪管理并非是消灭情绪，也没有必要消灭，而是疏导情绪并合理化之后的信念与行为。

（2）认识"喜、怒、哀、惧"四种基本情绪。

（三）学做情绪的"小主人"

（1）"想法"决定情绪。

① 小表演《半杯茶的故事》：反映不同的人对同一件事会产生截然不同的情绪。

② 思考：为何对同一件事，不同的人会产生截然不同的情绪？

③ 学生小组内交流，请代表发言。

④ 小结：情绪ABC理论。A表示诱发性事件，B表示个体针对此诱发性事件产生的一些信念，即对这件事的一些看法、解释。C表示自己产生的情绪和行为的结果。情绪ABC理论的创始者埃利斯认为：正是由于我们常有的一些不合理的信念才使我们产生情绪困扰。如果这些不合理的信念存在，久而久之，还会引起情绪障碍。可见"怎么想"会使我们产生不同的情绪。情绪其实操控在我们自己的手中，换个想法，快乐就会来。

（2）调节情绪的好方法

① 小组讨论，交流调节情绪的好方法

② 小结：

第一种是自我调节法：一个人在消极的情绪中，通过名人名言、警句或英雄人物来进行自我激励，能够有效地调控情绪。

第二种是人际调节法：情绪不好时，可以向周围的人求助，和朋友聊天、玩游戏会让你暂时忘记烦恼。向朋友诉说是一种良好的宣泄方法，不仅可以使自己的心情感到舒畅，而且还能得到别人的安慰、开导以及解决问题的方法。

第三种是环境调节法：情绪不好时，可以去那些让你开心或者放轻松的地方。

第四种是认知调节法：可以通过改变认知来改变情绪，用积极乐观的态度面对问题是个很好的选择。

第五种是回避引起情绪法：情绪不好时，可以选择逃避问题，不去想它，待情绪稳定后再去解决。

（3）班会总结。

人生路上总会有许多不顺心，我们经常都会有消极情绪。当压力袭来时，或是经历挫折的时候，我们一定要学会理性地去看待，要知道不是生活给了你喜怒哀乐，而是你对待生活的态度决定了你自己的情绪和感受。就像一句名言：你无法改变天气，却可以改变心情；你无法控制别人，但能够掌握自己！希望通过本次班会课，同学们能够理性认识情绪，掌握调节情绪的方法，做情绪的小主人，热爱生命，让自己的生活每天都充满阳光和快乐！

【温馨建议】

作为父母，良好的情绪管理能力，不仅是孩子安全感的来源、亲子良好沟通的保证，更是父母主宰自己人生和建立良好人际关系的基础。无论我们产生了何种情绪，正面的或负面的，都选择去正视、关注和体验它。因此，父母也要通过不断学习，掌握孩子每个成长阶段对于情绪的认识，尊重并理解孩子的情绪，给予孩子正确的调节情绪的方法。

生命教育班会活动

【活动摘要】

随着社会经济与科技的飞速发展，人们精神压力逐渐增大，出现厌世情绪和自我伤害行为的人群也逐渐低龄化，其中在小学高年段较为普遍。班级体作为重要的教育阵地，在高年段集体开展生命教育课程极其重要，以下一班级为基本单位，围绕生命教育的话题开展《认识生命 珍爱自己》《正视挫折 树立信心》《参与生活 实现价值》班会系列活动，引导学生树立正确的生命观。

【活动开展】

（一）活动前期准备

（1）教师要提前了解什么是生命教育，为活动开展奠定理论基础。

通过查阅资料，了解到我们狭义上提及的生命教育更多的是学习人与自己这一范畴。帮助学生正确认识自己、尊重生命、发现自我价值，树立正确的生命价值观，这是生命教育的起点和基础。

（2）了解高年段学生的身心发展规律，分析影响小学生生命价值观的重要因素，再结合班级学生成长特点，更有针对性地设计班级活动。

小学中高年段是实施生命教育的关键时期，在这一时期，学生开始从形象思维形式向抽象思维过渡，开始出现较多复杂的想法。在对待事物时，他们有了自己的观点和看法，并且总是固执地认为，自己才是正确的。但由于生活和社会经验的不足，孩子的观点和看法往往是不全面的或错误的。因此，理想与现实的差距也会让孩子的情绪、情感发生很大的变化。

（3）根据前期搜集的资料与分析，制定活动目标、设计生命教育班会活动主题。

目标：通过几次班会活动，帮助学生认识生命、热爱生活、实现自我的价值。

主题：《认识生命 珍爱自己》

《正视挫折 树立信心》

《参与生活 实现价值》

（二）活动开展

1.《认识生命 珍爱自己》

生命教育的基础是认识自我，我认为在生命教育的最初阶段，带领学生认识自己、认识生命是不可或缺的一部分。在这次活动中可以设计以下几个环节：

（1）了解生命。

首先通过观看精子卵子的结合到人出生的视频，甚至是动植物分娩生长的过程，帮助学生了解生命是怎么来的、是什么，使学生能正视生命，并体验生命的奇妙和丰富。

（2）认识自己。

可通过"照照我是谁"的环节，认识自己的外在特点，更加清楚地认识自己，了解自己的外貌、身体特征。

（3）欣赏自己。

在上一环节的基础上，进一步帮助学生发现自我的独特性。再在小组内分享自己的闪光点，引导学生去发掘自己的特点，从而可以认识自己、接受自己、肯定自己的独特性。

2.《正视挫折 树立信心》

在这一次班会活动中，首先要帮助学生了解人生中时常会发生意外与不如意，其次帮助学生了解没有人是完美的，但实际不完美不代表没有价值，最后教会学生面对痛苦和苦难，能了解和接受并能坦然面对生活中的变量。

（1）接受不完美。

在第一环节，可以让学生写下自己近一年以来的"不如意"，再跟小组同学对照，说出自己的烦恼和困难，让学生明白每个人都不是完美的，每个人的生活中都会遇到苦难。

（2）学会做情绪的主人。

首先通过"情绪的色彩"帮助学生辨认情绪的分类，学习情绪词语。

再引导理解抒发情绪的原则及说出自己抒发情绪的方式并分享。

最后通过"情绪垃圾桶"将自己一开始写下的坏情绪与不如意的事情折叠成纸飞机或者自己喜欢的形状扔进垃圾桶。

（3）制定目标、树立信心。

这一环节，通过"给未来的我写一封信"帮助学生了解自己现在的生活目标，写下自己的生活目标与计划，对未来树立信心，做好准备。

3.《参与生活 实现价值》

如果说让学生认识自己，肯定自己是生命教育的基础，那么教会学生参与生活，找到自己在生活中的价值与乐趣，这便是生命教育的延伸。于是，通过班级实践活动让学生回归生活，在参与生活中找到平凡生命中的快乐与价值也十分重要。

在这一部分我们可以开展课外实践活动，以笔者班级开展过的活动为例：

在"我的星厨时光"这一单元中，引导学生参与家庭生活，有意识承担家庭事务。通过制作美食初步引导学生发现生活小事中蕴藏的乐趣。

在"居家达人秀"单元中，围绕居家的主题和孩子们的兴趣，我设计了"环保节能""萌宠饲养""绿植花卉""科技少年"和"整理达人"五个挑战项目，让孩子们在自由组队、自主选题中，参与生活实践。引导学生关注生活中的方方面面，在不同小组与不同主题中发挥自己的价值。

在"小记者大世界"单元中，学生自主选题，走进社区，以自己的视角去发现、去搜集生活中值得我们关注和探讨的问题，并在班级记者会上发表自己的探索成果。引导学生关心社会，挖掘自己的社会功能，发现自己的社会价值。

（三）班会活动总结

（1）在此次班会活动中，从学生的需求出发设计，学生参与积极性强，每个学生都能参与其中。

（2）这次班会活动为短期系列活动，要注重学生每次参与后的反馈，善于观察他们的变化，为下一个阶段的活动做准备。

（3）通过系列活动，许多孩子能正确认识生命，认识自己，正确认识生活中的喜乐与烦恼，走进生活，学会热爱生活。

【温馨提示】

（1）教师必须做好前期准备，做好班级学生分析，让班会有时效性和针对性。

（2）在第三阶段的课外拓展活动中，应着重关注学生课外参与活动的程度，可利用"班级小管家"或者"小打卡"等小程序让孩子上传实践过程，也方便实时跟踪，保证活动的有效性。

（3）活动的效果依赖活动评价机制，应该制定有效的评价，定期对积极参与实践的学生进行总结评价。

生命教育——感受美好，拥抱生命

【活动摘要】

生命教育是为了生命主体的自由和幸福所进行的教育。生命教育的内容是多重的：一是帮助学生正确认识自己及他人的自然生命，使学生重视生命、热爱生命、珍惜生命，正确处理与他人、与自然的关系；二是教育学生认识到生命的有限性，引导学生正确认识死亡，树立健康理性的生死观；三是让学生明确生命的意义，提升生命的质量，培养健全的人格，实现自己生命的意义。

在小学阶段开展生命教育有着重要的意义，尤其是疫情之后，在中小学生自杀自伤事件多发之时，让学生体会到生命之美及珍贵就显得尤为重要。因此，笔者在任教班级开展了"感受美好，拥抱生命"的主题班会。

【活动开展】

（一）感受生命的当下

我们都知道生命很宝贵，生命只有一次，生命有很多美好值得我们品味和珍藏。但如何让学生感受到生命？班会伊始，教师邀请学生进行两个挑战：憋气1分钟；将手指放在右手脉搏上，感受脉搏的跳动1分钟。挑战结束后，邀请学生分享感受。

呼吸和脉搏证明我们正活着，本环节旨在通过两个小挑战让学生感受到生命的当下，顺势揭示主题"感受美好，拥抱生命"。

（二）感受生命的流逝

生命是会流逝的，所以一分一秒都值得我们去珍惜。在学生感受到生命的当下后，我为学生播放视频《0—100岁的中国人》，视频中来自全国各地0—100岁不等的这些面孔，无不在向学生传达生命流逝的信号。观看视频后，教师适时追问：给你触动最深的是哪个年龄，为什么？

（三）感受生命的美好

生命中从不缺乏美好，但总是缺少发现美好的眼睛。此时教师需引导学生发现生命中的美好，如：有的人说，生命里都是不开心的事。我觉得不开心的事就像晚上天空中的星星，小小的，暗暗的，而开心美好的事就像是月亮，会发出夺目的光，当月亮出来了，谁还看得到星星呢？生活中你有这样的体会吗？想一想最近一次你感到快乐的时候，和大家一起分享。

教师可出示关键词：家人、朋友、理想、美食、其他，给学生积极的心理暗示，引导学生回顾感受，发现感悟。

（四）分享生命的温暖

生命来之不易，且只有一次，也许在我们成长的过程中会遇到各式各样的挫折，但是生命蓬勃的力量终究会带我们翻越一切艰难险阻。除了生命的美好，教师需让学生意识到生命的温度和力量。此时，我鼓励学生写一封温暖人心的信件，可以写给陌生人、身边人，也可以写给自己，将生命的温暖和力量通过信件传递出去。

【温馨建议】

（1）在本次主题班会上，教师一定要观察到每一个学生，留意每一个学生的心理活动，对学生的心理状况做到心中有数。

（2）在收到学生的信件后，教师可对学生的信件选择性地进行回信，与学生开展心灵对话。

"相处有道，平常待之"主题班会

【班会背景】

进入高年级的学生由于生理和心理发育的急剧变化，性别意识更为强烈，心理世界逐渐丰富，如何与异性交往、看待异性交往成为一个无法回避的话题。在日常校园生活中，很多高年级学生在看到异性同学相处时常会有起哄、散播谣言等现象，使得男女生间交往没有以前那么自然大方。因此，引导学生形成健康的交往观念和方式，让学生们对异性交往有一个正确的认识，能区分早恋与正常的异性交往，学会自然与适度地与异性交往尤为重要。

【班会目标】

帮助学生正确对待异性交往，及时调整不当的行为模式，掌握恰当异性交往的方式方法，培养积极的交往态度，形成团结友爱、平等尊重的班级氛围。

【课前准备】

采访父母，了解他们从爱情到亲情的经历，并跟父母交流班上男女交往的一些情况，了解他们的看法。

【班会过程】

第一板块：破冰之旅

（1）"货币组合战"。

游戏规则：

① 学生自由站位，围成一个圈。

② 男生每人代表五毛钱，女生每人代表一元钱，当听到零食价格时，由周围的人迅速手拉手成团表示零食价格。

要求： a.安静无交流；成团手拉手有效；不拉手，全组出局。

b.成团有奖励，出局要受罚。

（2）分享活动感受。

① 采访组团成功者和落单者的感受；

② 采访出局学生出局的原因：

不好意思拉手、害羞、怕被同学笑话、动作慢……

（3）教师总结。

异性交往没有同性交往那么自然大方，总是怕被人说闲话。

第二板块：守护国王，增进情感

（1）《国王与天使》活动。

同学依次抽取写有每个人名字的纸条签，抽到的名字就是"国王"，抽签者则是"守护天使"，在这一学期中默默关心和帮助他的国王，直到游戏结束或永远……

要求：① 不能暴露自己的身份。

② 选择自己喜欢的形式记录守护过程。

③ 让父母作为监督者，并随时跟他们分享活动动态。

（2）活动启动仪式：全班宣誓

我志愿成为"天使"，守护我的"国王"，无论他是男生，还是女生。

关注他/她的喜怒哀乐，默默守护，做温暖人心的太阳。

宣誓人×××。

（3）教师总结：掌握与异性交往的方式方法，调整不当的行为模式，才能形成团结友爱的班级氛围，促进每个人的成长。让我们都成为温暖的小天使吧。

【温馨建议】

（1）引导学生发现日常生活中异性交往的一些不良现象，写在纸条上投入班级信箱中，班主任可掌握异性交往的动态，及时引导。

（2）《国王与天使》活动要定期跟进，引导家长监督孩子执行，交流分享心得。后期要举行"守护足迹分享会"，并将异性正常交往的观念融入其中，形成团结友爱的班级氛围。

高年级（5—6年级）

正确处理人际关系主题活动
——同伴交往

【活动摘要】

同伴交往是学生校园生活的重要一环，并在某种程度上影响孩子的情绪、心理和学习。高年级的孩子很在乎同伴的看法，又容易冲动。因此引导孩子们用合适的方式解决纠纷，培养正确的同伴交往模式显得尤为重要。

笔者通过对我校高年级孩子的调研发现，学生人际交往存在以下问题：

（1）有些孩子进入高年级后，自我意识增强，慢慢关注别人对自己的看法，人与人之间的交往也带来一定的困惑。

（2）有些孩子与同学出现裂痕，不知道如何修复。

（3）有些孩子斤斤计较，一言不合就睚眦必报。

针对这一现象，笔者组织了一堂《心手相连，理解万岁》主题班会课。

【活动开展】

（一）主持人谈话导入

人人都说理解万岁，可是我们真的理解身边的人吗？今天我们组织一堂《心手相连，理解万岁》主题班会课。愿我们学着与身边的人心手相连，互相理解。

（二）班会过程

1. 欣赏别人的优点

从《尺有所短，寸有所长》说开来，取长补短。说说同桌的优点，制作找亮点小卡片。一两个同学上台展示。

2. 当同学之间有矛盾时怎么办

（1）情境表演：狭路相逢，不小心把同学的书碰到地上，怎么处理？大度宽容和互相掐架两种不同的处理方式和结果。

（2）化解矛盾怎么做？学会宽容，头脑风暴，各出奇招。

（3）小结：快板《忍一时风平浪静，退一步海阔天空》。

3. 男生女生现场互相采访：最希望对方具有什么样的品质

出现最多的可能是认真，勤奋，礼貌，大方，健康，幽默，宽容，诚实，谦虚，热心，开朗，活泼，勇敢。

（三）教师总结

感谢大家的精彩表现和坦诚相见。相信通过今天的班会，同学们在与同伴相处中会有更多的理解和包容。愿我们像相亲相爱的一家人，一起走过最美好的小学生涯，留下最美好的回忆。

【温馨建议】

（1）高年级的孩子随着青春期的来临，家长和老师应该少斥责，多引导。老师善于营造和谐的班集体，家长善于引导孩子宽容大度。

（2）老师可以多组织一些团队建设的班会或者活动。加强班级凝聚力和向心力。如拔河，无领导小组讨论，生命导航团建，心理剧或微话剧表演等。

正确处理人际关系主题活动
——师生、家长交往

【活动摘要】

人际交往是孩子成长过程中的一堂人生必修课，关乎孩子的心理健康与未来。小学生的人际交往除了同伴交往外，最重要的便是与家长和教师的交往。目前很多孩子在与家长、与老师交往过程中出现种种困惑和矛盾，尤其是高年级孩子开始进入青春期，产生叛逆心理，不理解父母和老师。针对这一年龄特点和现状，为指导孩子与家长和老师和谐沟通，化解矛盾，特开设此主题班会活动课程。

笔者通过对我校高年级孩子的调研发现，学生与家长、与老师的矛盾升级，主要是因为互相不理解。

（1）有些孩子进入高年级后，自我意识增强，开始慢慢关注别人对自己的看法，对人与人之间的交往也产生一定的困惑。

（2）有些孩子开始叛逆，与家长沟通不畅。嫌弃父母，觉得父母爱唠叨。

（3）有些孩子不理解老师的良苦用心，抱怨老师作业多，拖堂，学习压力大。

针对这一现象，笔者组织了一堂《与家长老师对对碰》主题班会课。

【活动开展】

（一）我们如何与老师相处

（1）情境展示：小视频《体育老师请假了，语文老师来代课》。

（2）讨论：这样做好吗？共情体验，如果是你会是什么感受？

（3）播放视频《老师的一天》。

（4）谈谈感受。

（5）从哪些方面尊重老师？

各抒己见：

（1）尊重劳动成果，作业多，占课，拖堂，可正面提出来，共同商讨。

（2）老师误解、错误批评时不记恨，主动说明。

（3）展示自己，表达观点。上课时大胆表达自己的观点和见解，回应老师的提问。

（二）怎样与父母相处

（1）观看胎儿成长视频，了解我们在妈妈肚子里的成长经历和妈妈经受的苦难。懂感恩，父母给了我们生命，抚养我们长大。

（2）角色扮演：理解父母的良苦用心，绝大部分家长都是恨铁不成钢。让我们穿秋裤是怕我们冻着，要我们多吃点是想着我们正在长身体，不让玩游戏是妈妈担心玩物丧志……正确看待"有一种冷是妈妈觉得你冷"，有话好好说。

（3）讨论：与父母有误解或者对问题有不同看法时，怎么办？

冷静沟通，合理诉求：

① 可以通过散步聊天

② 书信互动

③ 家庭会议等方式解决。

（4）主动与父母沟通，有心事及时告诉父母。

（5）分担力所能及的家务。

结尾：合唱《感恩的心》

【温馨建议】

（1）高年级的孩子随着青春期的来临，家长和老师应该少斥责，多引导。老师多倾听学生的心声。尊重学生，关爱学生。

（2）家长有话好好说，与孩子沟通时保持好情绪，尽量平和，找到共同话题或孩子感兴趣的点。

（3）开展美食对对碰，或者亲子共读一本书活动，拉近亲子之间的距离。每周每月能安排一些亲子活动，如打球等户外活动，或者游学等活动增进感情，加强沟通，建立和谐的亲子关系。

审美教育活动——美育班会课

【活动摘要】

　　审美教育活动是鉴于高年级孩子开始注重自己的形象，注重穿着打扮这一年龄特点，以及有些孩子存在审美观的心理误区这一现实情况，为培养孩子正确的审美观和良好的审美修养，而开设的班会活动课程。

　　笔者通过对一部分高年级孩子的调研发现，学生审美存在以下问题：

　　（1）有些孩子过于注重自己的容貌体型，甚至产生自卑心理。

　　（2）有些孩子过于注重穿着打扮，穿着打扮成人化。

　　针对这一现象，笔者组织了一堂《各美其美、美人之美、美美与共》的主题班会。

【活动开展】

（一）各美其美

　　（1）主持人谈话导入：爱美之心，人皆有之。今天我们来一场关于"美"的讨论。

　　（2）视频展示学生着装奇异现象，如穿改动修剪的紧身校服，男生打耳钉、留长发、女生涂口红、戴耳环、涂指甲等。讨论"什么样的学生最美"。

　　（3）各小组讨论成果展示。

　　① 符合学生仪容仪表规范的学生最美。

　　② 阳光的学生最美。

　　③ 在某一方面有突出才华的学生最美。

（4）教师小结：成人的穿着打扮是与各自的职业、年龄、场所所匹配的。明星化妆打扮，穿着另类，是由于他们特殊的职业决定的，学生成人化的打扮只能显得庸俗，甚至低俗、恶俗。学生的美应该在于自然、青春、朴素，在于"清水出芙蓉，天然去雕饰。"过度打扮往往是不自信的表现。可以说青春是我们最值得骄傲、最靓丽的年华。可能有的孩子会问，"老师，当有人说你拉低全班颜值呢？你会坦然吗？"

（5）引发思考：外貌体型不够完美时，怎么办？

学生出招：

① 悦纳自我，拥抱不完美的自己。每个人都是独一无二的个体。牡丹雍容华贵是美，苔花如米小，亦能热烈绽放，也是美。

② 找到亮点，树立自信心。每个人都有自己的长处，有的善于体育，有的长于文艺，有的精于数算等等。每个人都可以做最美的自己。

（二）各美其美

主持人：说说我们生活中看到的美。

学生一个个闪亮登场解说美：

（1）解放军军容整齐，军姿威武，精气神美。

（2）女排姐姐们在赛场上拼命搏杀，英姿飒爽。

（3）著名主持人董卿气质优雅，才情满腹，如同一道美丽的风景，让人赏心悦目。

主持人：我们欣赏他们的美，也打造属于自己的美。

（三）美美与共

制定变美计划。文明其精神，野蛮其体魄。

（1）出操向解放军叔叔学习，步伐整齐，铿锵有力。

（2）加强体育锻炼，如跳绳、跑步、健美操。

（3）课外阅读提升自身修养，腹有诗书气自华。

教师总结：

感谢大家呈现了一场"美"的精神盛宴。最后请欣赏创意快板：

朴素大方衣着美，

勤于锻炼体格美，

奋发图强精神美，

腹有诗书内涵美。

【温馨建议】

（1）高年级的孩子随着青春期的来临，爱美是生理心理的正常反应，家长和老师坦然面对，合力正确引领孩子建立正确的审美观。

（2）引导孩子悦纳自我，接纳不完美的自己。

（3）与孩子共同成长，一起变美。

自我觉醒——"我和我的偶像"主题班会

【活动摘要】

千教万教教人求真，千学万学学做真人。教育实际上就是让每个人成为真正的自己。真正做自己的人，则必须要有自我觉醒的力量。

明星崇拜是青少年发展过程中的一种常见行为，就笔者任教的五年级学生而言，"追星"的形式常表现为：模仿明星发型、购买明星同款球鞋、因议论明星而引起的班级舆论战等。

然"追星"实际上是"偶像崇拜"的一种表现形式，本次班会活动旨在通过偶像崇拜正面引导学生进行自我认识、自我调整、自我纠正和自我提高。

【活动开展】

（一）课前准备，话题预热

对班级学生的"追星"情况进行摸底调查，并设计"偶像卡"（附后），充分调动学生的参与兴趣，同时还能帮助学生建立"现实自我"与偶像之间的联系，从而达到初步的自我认识。

（二）小组讨论，共同启发

（1）教师组织学生按照所崇拜的偶像类别进行分组，并组内交流分享以下内容：

① 你的偶像是谁？

② 偶像最吸引你的品质是什么？

③偶像给了你什么启发。

④你的"追星"方式。

（2）组织全班交流分享。

每组推荐一名代表发言，介绍自己"偶像卡"上的内容。

如：我的偶像是钟南山院士，他敢医敢言，勇于担当，在非典型性肺炎和新冠肺炎疫情防控中做出了巨大贡献。钟老说的每一句话我都认真听，做好个人防护，对自己负责，对社会负责。我以后也要像他一样，做一个对社会有用的人！

（3）组织学生分享偶像成功背后的故事，并适当小结：在每一个光鲜照人的背后，都有很多鲜为人知的辛酸经历，任何人的成功都离不开自身的努力拼搏和辛勤付出。

（三）独立思考，自我觉醒

（1）组织学生思考并交流以下问题：

① 如果有人说你盲目追星，你同意吗？

② 追星方式的不同会给我们带来什么影响？（积极影响或消极影响）

③ 如何在追星的过程中把握合适的尺度？

（2）组织学生思考并交流以下问题，以帮助学生自我认识、自我调整、自我提高。

① 你与偶像之间有什么相似点？

② 怎样才可以具备偶像身上的美好品质？

崇拜偶像是可以的，但我们更应该关注现实自我，用汗水浇灌我们的热爱和梦想，努力实现理想自我。

【温馨建议】

部分孩子在成长的过程中，对于偶像的迷恋和狂热可能会使得家长束手无策，此时，简单粗暴的干预反而容易适得其反。在本次主题班会会后，班主任可与家长多沟通交流，帮助家长正确认识孩子追星背后真正的心理需求。

偶像卡

偶像姓名	
偶像类别	□娱乐明星　□运动明星　□专家学者 □成功人士　□伟人　□普通人　□其他
偶像魅力	
偶像最打动我的一张照片	
偶像成功背后的故事	
我与偶像的相似点	

"仰望星空，脚踏实地"主题班会

【班会背景】

小学高年级的学生正处于儿童期到青春期过渡的关键时期，自我意识和独立意识迅速发展，逐渐摆脱了对外部评价的依赖，而是依靠内化了的行为准则来监督、调控自己的行为。他们在不断成长中努力追寻自我定位，容易对不确定的未来感到迷茫，拥有梦想能给他们带来支持与力量。因此，要引导学生学会进行职业规划，明白追寻梦想是一个需要脚踏实地的长期过程，要勇敢地面对人生中的风雨。

【班会目标】

引导学生通过采访、事例等了解感兴趣的职业，并认识到梦想的重要性及意义，明白实现梦想需要坚持。同时学会评估自己的梦想，分阶段制定追梦计划。

【课前准备】

（1）网络调研。

通过"小学生职业理想"调查问卷了解学生比较感兴趣的职业。

（2）职业放大镜。

学生选择感兴趣的职业，通过采访家长或职业人、查找资料等方式了解该职业的一些必要技能、日常工作或特别之处，并和家人合作拍摄一分钟以内的情景剧发到班级群。

（3）绘制"梦想树"、准备"造梦"便利贴、白纸、追梦计划书。

高年级（5—6年级）

【班会过程】

第一板块：趣猜职业，晒晒梦想

（1）播放三个学生和家长拍摄的情景剧，竞猜职业。

（2）晒晒梦想，找三名学生问：你的梦想是什么？为什么？

（3）引导小结：梦想还是要有的，万一实现了呢！（马云）

设计意图：通过和家人拍摄视频、竞猜职业的形式调动学生的积极性，让学生谈梦想，套用马云的话，简洁明了地传递拥有梦想的重要性，激发学生对梦想的渴望。

第二板块：点亮星空，畅聊梦想

（1）榜样激励，书写梦想。

①分享歌手华晨宇坚持音乐梦想的故事。

②学生在"造梦"便利贴上写上自己的梦想，贴在班级"梦想树"上。

（2）梦想见证团畅聊，代表分享。

四位见证团成员互相分享梦想，讨论完成梦想所需要的时间、会遇到的困难以及如何克服，选择代表全班分享。

（3）引导小结：确定梦想，不怕困难，坚持下去才有可能成功。

设计意图：通过新生代喜欢的偶像故事，激励学生写下自己的梦想和行为目标，并利用同伴互助的力量了解实现梦想会遇到的困难，学会不断坚持。

第三板块：量力而行，评估梦想

（1）出示评估梦想游戏规则。

评估对象：阿里巴巴创始人马云、断臂演奏钢琴的刘伟。

自主思考：一个人要实现梦想需要什么条件？

评估结果：梦想见证团讨论后在纸上写下关键词。

（2）播放视频：马云的追梦故事、《中国达人秀》冠军刘伟断臂演奏钢琴，

梦想见证团进行观察思考，并讨论、填写梦想条件关键词。

（3）见证团代表分享，在黑板上写下关键词。

关键词预设：坚持、乐观、勇敢、兴趣、能力、学习……

（4）引导小结：实现梦想需要条件，正视你与梦想的差距。

设计意图：借助他人实现梦想的例子，让学生在观察讨论中领悟实现梦想所需要的一些条件，从而评估自己和梦想之间的差距，更好地追寻自己的梦想。

第四板块：脚踏实地，追寻梦想

（1）教师分享自己的追梦计划书

表1

成为学生最喜欢的语文教师		
实现步骤	实现时间	成果
学好文化课，坚持阅读写作	9年	2012年考上重点师范大学
打好基本功，掌握师范技能		
有普通话二甲证书、教师资格证	4年	2016年成为一名教师
巩固基本功，站稳讲台	3年	2019年成为合格教师
上好语文课，积极参加比赛，发表文章……	3年	争取2022年成为区优秀语文教师
……	……	……

引导：梦想不一定要多伟大，量力而行，普通人的人生也可以过得很精彩。

（2）学生采访教师，分享克服困难的故事。

（3）学生填写追梦计划书，播放歌曲《我相信》。

表2

我的梦想：_____			
实现步骤	实现时间	评估困难	如何克服

梦想家签名：

备注：可以作为班会的延伸活动，让家长给孩子的计划书建议，并不断完善。

（4）引导小结：梦想，能让你拥有更多战胜困难的勇气和力量，而任何梦想都需要一步一个脚印去实现。请你保管好人生的第一份梦想计划书，不怕失败，不断调整，仰望星空，脚踏实地，相信你会成为成功的追梦人。

设计意图：通过教师的亲身经历分享，引导学生明白要尊重伟大的梦想，也要学会量力而行。实现梦想并不是做计划那么简单，还需要朝着自己的目标一步步前进、不断改进。

【温馨建议】

（1）要让家长参与进来，让学生对感兴趣的职业更了解，更科学地完成追梦计划书。

（2）后期可以举行富有仪式感的梦想计划书签字仪式，并按下梦想家的红手指印，在班级里进行展示，让学生互相鼓励。

诗意心灵主题活动——读诗歌

慰心灵 赋正能

【活动摘要】

为后疫情时代加强中小学生心理健康建设，也为培养他们对生活的热爱和坚韧的性格，秉承"诗歌浸润心灵，阅读改变人生"活动目的，特此开设"诗意心灵主题系列活动"。借以帮助孩子们在面对挫折时不悲观，不言弃，能自我调适，从而培养他们战胜困难的勇气，陶冶其情操，构建未成年心理健康体系。活动集体验性、趣味性、参与性、互动性于一体。

【活动开展】

（一）走进诗词

（1）引言：五千年文明，三千年诗韵。中华文化博大精深，诗词可以说是中华文明璀璨的一笔。学习诗词不仅能提升我们的文化修养，还可以陶冶我们的情操。在走进诗歌与诗人的对话中，既能释放压力，又能感受诗人的人格魅力，学习他们的精神品质，从而调适心理。

（2）活动准备：利用一周的时间引导孩子们搜集整理自己喜爱的诗词，可以从《小学生必背古诗80篇》中找，也可以从自己熟悉喜爱的诗词中找，做好分享准备，重点分享对我们的积极心理有帮助的诗词。如能帮助我们战胜困难，豁达乐观，积极向上的诗歌。

（3）日积月累：背诵积累表达乐观积极的心态，豁达的胸襟，崇高理想等的诗词。老师可以提前设定内容或主题思想。

高年级（5—6年级）

（二）诗词共读

（1）诗词分享。

老师示范组织一次活动。梅花是坚贞不屈、傲霜斗雪的代表，历代文人骚客都喜欢歌咏梅花，但不同的人有不同的描述：

王安石《梅花》："墙角数枝梅，凌寒独自开。遥知不是雪，为有暗香来。"

陆游《卜算子·咏梅》："驿外断桥边，寂寞开无主。已是黄昏独自愁，更着风和雨。 无意苦争春，一任群芳妒。零落成泥碾作尘，只有香如故。"

毛泽东《卜算子·咏梅》："风雨送春归，飞雪迎春到。已是悬崖百丈冰，犹有花枝俏。 俏也不争春，只把春来报。 待到山花烂漫时，她在丛中笑。"

（2）心理建设。

学生谈自己的感受和体会，从诗歌中汲取精神力量。

王安石不仅赞赏了梅花不畏严寒的高洁品质，还表达了自己高洁坚强的人格。

陆游称赞了梅的精神和气节，又表达了青春无悔的信念以及自己高洁的品格。

毛主席重点描述的是梅花俊美而坚韧不拔的形象，鼓励人们要有威武不屈的精神和革命到底的乐观主义精神。

以自己为例，我们在生活中经常会面对哪些困难，内心彷徨时可以用哪些诗句慰藉自己。

（3）拓展延伸。

诗歌给我们带来的不仅是意境美、语言美，更有精神的美。我们可以走进诗歌，去拜会知足常乐的白居易、归隐田园的陶渊明、豁达乐观的苏东坡、奔放豪迈的李白等等，让我们随着诗词，去感受他们的诗意心灵吧。请各位准备下一次的活动分享。

【温馨建议】

（1）诗歌慰藉心灵，孩子们通过读诗明智，明理，树德。教师可以多花点时间倡导孩子读诗，分享。既契合了当前倡导的学习传统文化的时代精神，又可以让孩子们在诵读中体验，在体验中感悟，在感悟中汲取精神力量，做好积极的心理调适。

（2）这样的活动贵在长期坚持，"诗意心灵活动"常抓不懈能让孩子在感受诗词魅力的同时，进行积极的心理健康建设。如遇到困难时，适当释放压力和情绪，凡事往好的方面想，提升正能量。

（3）中小学生正是人生观、世界观形成的关键时期，教师既要培养学生对诗歌的爱好，还需要做好引导和解读。才能更好架构中国古诗词与心理调适的桥梁。

高年级 （5—6年级）

理性面对小升初，家校携手赴新途
——小升初家长活动指引

【活动背景】

小升初是孩子成长的重要转折点，在升学压力下，孩子和家长都普遍存在焦虑心理。孩子有着青春期烦恼，对初中生活有期待，同时也可能因为缺乏认识，在心理上容易出现烦躁、紧张、迷茫、忐忑、自信心下降、挫败感等问题，焦虑心理直接影响孩子的成绩甚至对身心带来不良影响。家长在为孩子择校和处理亲子关系方面也焦头烂额。

基于此，笔者将联合家长，以毕业为主题，设计一系列活动，在活动中正确引导孩子和家长克服焦虑，帮助他们理性面对小升初，以良好的状态迎接人生新旅途。

【活动内容】

（一）毕业系列活动

（1）青春纪念册。

让孩子和家长一同选择自己从一年级到六年级的一些经典照片，写下自己的成长感言，还要写下自己的个人信息（自己的兴趣、志向、喜欢的课程、音乐、电影等等），然后制定成册，每人一本。同时通过幻灯片的形式和孩子及家长一起分享这些成长点滴。

（2）最美遇见你。

请孩子细心留意六年小学生活中的最美时刻，也许是和同伴上学路上的嘻嘻哈哈、和同学在课堂上的奋笔疾书、和老师同学们过的难忘生日、和小伙伴在操场上的欢声笑语，甚至是值完日后的会心一笑、一点一滴，都美丽无比。请孩子们选取自己认为的至美时刻，和家长一起，重现拍摄场景，制作成视频。或者班级每人选取一个最美时刻（尽量不重复），集众人之智，改编成毕业歌，一直流传下去。

（3）写给可爱的你。

纸短情深，岁月留痕。六年的时光稍纵即逝，这期间你有没有哪些你最感谢的人？循循善诱的老师？朝夕相处的伙伴？默默无闻的家长、义工或学校后勤？还是一直在默默努力的你……请给其中一个人写一封信吧，在信中倾诉你的衷肠。心怀感恩的孩子，去到哪里都能发出自己的光芒。

以上所做的一切，是为了让每个孩子感受到自己到目前为止的生活是多么的辉煌和有意义，是多么值得珍惜，未来是多么令人憧憬，从而建立起继续阳光生活的自信，更好地适应未来的生活环境。同时，也借此让家长看到自己孩子的成长足迹，进一步明白人生追求的并非一个阶段的结果，小升初只是孩子人生的一个节点，人生是场马拉松，终点的风景如何，且行且看，但是非常明确的一点是，陪伴孩子成长的时光一去不复返，家长应扮演好啦啦队的角色，为孩子的每一次成长加油呐喊，从而缓解小升初带来的焦虑，以更平和的心态和孩子一起面对小升初，陪孩子走好接下来的每一步。

（二）指导家长活动

致家长一封信，信中和家长说明几点：

（1）重视小升初，帮助孩子做好升学准备。

对于孩子缺乏关于初中的认识所带来的焦虑情绪，家长可以帮助孩子提前了解初中阶段的学习情况（学习科目、内容、难度、能力要求等）。还可以请亲戚朋友家已读初中的孩子向其传授一下经验，甚至可以带孩子去到中学，熟悉校园环境，让孩子从思想上做好进入初中的准备。

消除了对未知的恐惧，孩子的心态将会更平稳。认识到初中阶段的高要求，也能督促孩子在接受挑战前更加努力、踏实学习。

（2）转变教育方式，和孩子平等对话。

孩子正处青春期，多显叛逆，以往大人的你说我做的方式俨然不奏效了，这时候需要家长和孩子进行平等对话，精准把握孩子的内心需求，更好地处理亲子关系，也有利于孩子的情绪稳定，积极向上，这在将来是非常重要的软实力。

（3）以身作则，继续培养孩子的良好习惯。

好习惯益终生，这在小学适用，对初中更是如此。家长应一如既往地做好示范，帮助孩子继续坚持高效学习的习惯、自主阅读的习惯、锻炼身体的习惯以及面对困难积极向上的习惯。无论何时，学习力是我们进步的前提，好身体是我们奋斗的基础，乐观心态是健康成长的垫脚石，缺一不可。

小升初是孩子漫长人生路上遇到的第一个转折点，希望每个父母都能给孩子正确、科学的教育引导，助力孩子平稳过渡到新的环境。

【温馨建议】

（1）升学压力大，孩子和家长的情绪容易波动，需要换位思考，多加理解和包容。

（2）六年级自主性强，给他们舞台，相信会还给我们一份精彩。

（3）班级活动必须以学生为主体，家长活动以家长为主体。

致敬英雄，战"疫"中成长主题班会

——抗"疫"专题活动

【活动摘要】

"新冠肺炎"疫情突然袭来作为重大公共危机事件，具有突然性、公共性、传播广泛、危害严重、综合治理等特征。"抗疫"成为当时全国的主旋律，学生也置身其中。抗"疫"专题活动便是应对疫情特殊时期特殊事件而开展的家校共育活动。目的是让孩子们了解身边的抗"疫"英雄，致敬英雄，做好防疫的同时快乐生活，开心学习。帮助孩子们释放心理压力，树立信心。

【活动开展】

（一）导入

孩子们好，大家都知道，今年4月4日清明节，为表达对抗击新冠肺炎疫情斗争牺牲烈士和逝世同胞的深切哀悼，举行全国性哀悼活动。全国和驻外使领馆下半旗致哀，全国停止公共娱乐活动。4月4日 10时起，全国人民默哀三分钟，汽车、火车、舰船鸣笛，防空警报鸣响。（配视频或图片）

当天很多孩子和家长一起为这场抗击疫情中逝去的生命默哀。在这场全民抗疫中，有四万两千多名医护人员支援武汉。如今，武汉春暖花开，英雄凯旋。我们国内疫情终于得到控制。你们知道在这场抗击疫情的战争中有哪些人在为我们默默付出吗？了解这些抗疫英雄的故事吗？我们又是怎样安排自己的抗"疫"生活的呢？这节班会课我们一起来分享。

（二）致敬英雄

（1）最近，很多人都在说一个词，致敬英雄。是的，英雄们的无畏和坚守值得我们所有人敬仰。张学友等歌星为这场抗疫出了一首新歌《等风雨经过》。一起来听听。（配视频）

这首歌的MV老师看了几遍，每次都感动得落泪。正是他们的守护，才换来千万人的平安。哪有什么岁月静好，只是因为有人为我们负重前行。就像一位外国人说的，"中国人总是被他们中最勇敢的人保护得很好。"他们是国之勇士，真英雄！

（2）下面请大家说说你了解的英雄故事，可以是电视里看到的，也可以是你身边的抗疫英雄，他们默默奉献，忠于职守，在平凡中成就不平凡。

学生分享（配视频或图片）。

小结：感谢两位小朋友的分享，你们善于观察，善于学习，相信将来你们也能像这些故事中的英雄一样，为国为民，勇于担当，无私奉献。

小朋友的成长与家长密不可分，我们的家长和孩子们一起搜集整理资料，来看看他们给大家带来什么英雄故事。

（3）一家长分享终南山爷爷逆行武汉的故事（配车票和餐车休息图）。

钟南山爷爷确实是民族的脊梁，同样我们身边的普通人，也在平凡的岗位上成就着不平凡。

另一位家长分享身边平凡人的抗"疫"小故事。

小结：谢谢两位用心的妈妈，让我们对英雄事迹有了更多的了解。我们的白衣天使，执勤的警察叔叔，社区的保安和义工们，他们都是我们心中的英雄。课前我布置孩子们做一张致敬英雄卡，画一画你心中的英雄，并写上一两句感恩的话，表达对他们的敬意。做好的同学展示，没做好的课后继续做好。

看到你们精美的卡片，老师感受到你们很用心，谢谢你们。

（三）战"疫"中成长

都说自古英雄出少年，作为少先队员的我们，在这场特殊的战"疫"中迅速成长，自觉配合防控疫情，宅家看书，网络学习，请大家分享你们的抗疫生活吧！

（1）学生个人分享自己的学习生活，比如看书、写作业、美食、体育锻炼、为爸妈做家务等。（分享时播放各自生活微视频）

（2）教师总结：谢谢你们的分享，还有很多小朋友发来了他们抗"疫"生活的照片和视频，有学习的、体育锻炼的、做家务的等等，一并分享给大家。

从这些照片和视频中，让我看到了阳光灿烂的你们，自强不息的你们。感觉你们都长大了许多，懂事了许多。疫情对我们是一种磨砺，在应对这种公共突发事件中，我们懂得感恩，我们坚守学习的阵地，为家长分担家务，坚持体育锻炼。相信未来的你们一定能成为德智体美劳全面发展的社会主义接班人。

通过这节班会课，相信大家受益颇多，希望更多孩子把你们的抗疫生活记录下来，分享给大家。

【温馨建议】

（1）抗"疫"专题活动是特殊时期的特殊班会课，孩子们长时间被封闭在家，需要心理关怀，因此举办线上班会这一活动。特殊时期我们可以通过网络与孩子建立情感的链接。

（2）我们在应对社会应急公共事件时需及时与孩子架构心理桥梁，适时消除学生的恐惧心理，帮助学生看到社会的正能量和必胜的希望，学会感恩。

（3）可以适当引导孩子们应对社会应急公共事件时，学会调适自己，快乐生活，开心学习，保持积极健康的心态。

"学习党史，传承精神"主题班会

【班会背景】

　　没有共产党就没有新中国，而伟大的长征，是中国共产党及其领导下的人民军队谱写的一部气壮山河、震撼世界的英雄史诗，"长征精神"已经成为中华民族的宝贵精神财富。在中国共产党建党100周年之际，向新时代少年们讲述长征故事、回忆长征的艰苦历程、让少年们从红军身上汲取精神力量，学习并发扬红军"不怕牺牲、勇往直前、众志成城、百折不挠"的长征精神，引领新时期的少年们树立远大的理想，走好新时代百年长征路。

【班会目标】

　　（1）了解长征的艰苦历程，感悟先辈们的长征精神。

　　（2）用党的奋斗历程引领新时期的少年们树立远大的理想，走好新时代的长征路。

【课前准备】

　　（1）采访老一辈对长征的印象。

　　（2）和家人参观深圳市红色教育基地（如深圳革命烈士园）。

　　（3）学生以四人小组为单位，选择感兴趣的一个长征故事进行准备，呈现形式自定（情景剧、PPT、视频、手抄报等）。

【班会过程】

第一板块：走进长征岁月

（1）学生分享感受。

① 采访老一辈对长征的印象。

② 课前参观深圳市红色教育基地。

（2）班会主持人简要介绍长征背景及基本情况。

（3）总结：漫漫长征路，无数生命谱写了荡气回肠的英雄史诗，奏响了一曲雄壮、豪迈的革命交响曲，成为中国历史上的一座座高耸入云的丰碑。

第二板块：长征那些事儿

（1）各小组代表演绎故事。

① PPT展示：讲述《巧渡金沙江》。

② 手抄报展示：讲述《飞夺泸定桥》。

③ 《金色的鱼钩》情景剧表演。

（2）学生畅所欲言谈感受，教师相机板书：

红军：不怕困难、勇往直前、富有智慧、舍己为人。

（3）观看电视剧《理想照耀中国》红军翻越雪山视频。

（4）总结：两万五千里，留下了红军长途跋涉的脚印，记下了红军可歌可泣的英雄故事。红军战士的智慧，不怕困难、勇往直前、百折不挠的精神永远留在我们心中。

第三板块：光阴留影忆当年

（1）长征文物会说话：请四位学生简要介绍文物背后的故事。

文物1：强渡大渡河纪念馆的翘首木。

文物2：飞夺泸定桥纪念馆的木板。

文物3： 长征胜利纪念馆的小军号。

文物4：遵义会议纪念馆的诗歌稿件。

（2）总结：长征文物是战火纷飞时代的烙印，是军民深厚情谊的印证，是闪烁的长征精神的载体。

第四板块：红领巾谈新长征

（1）问：2021年2月3日至5日，习近平主席赴贵州看望慰问各族干部群众时强调，要"咬定目标、勇往直前，走好新时代的长征路"，请你结合相关事件，谈谈你的想法。

（2）学生各抒己见，感悟精神：抗击疫情、科学研究、学习、生活中的长征精神……

（3）配乐朗诵：《新时代的长征》

你从新时代的春天里走来了，带着使命，长征！

九百六十万平方公里春潮涌动，十三亿颗心众志成城。

所有溪流，都将汇聚成梦想的大海，

所有磨难，都将孕育着伟大的诞生！

（4）教师总结。

忆往昔峥嵘岁月，展未来任重道远！长征，是洋溢着革命英雄主义和悲壮色彩的传奇，是中外历史上无与伦比的壮举，它像一条永远飘扬在地球上的飘带，成为人类坚强无畏的象征。一代人有一代人的长征，作为少先队员，让我们将这段长征的历史铭记心中，传承长征精神的理想信念、艰苦奋斗、勇往直前、百折不挠、坚定"功成不必在我，功成必定有我"的责任担当，为新时代的长征，为中国梦的实现贡献自己的一份力量。

【温馨建议】

（1）学生采访老一辈关于长征的记忆，可以提前设计好问题，录制采访视频，发到班级群共享。

（2）学生和家人到深圳市红色教育基地打卡，可以拍全家福，写图文故事，做成美篇。有条件的可以到其他地方的红色基地参观。

听党话、知党情、跟党走
——庆祝中国共产党成立100周年专题活动

【活动摘要】

100年征程，岁月峥嵘；100年征程，光辉灿烂。为庆祝中国共产党成立100周年，深情回望党的奋斗历程，热情讴歌党的丰功伟绩。更为加强新一代少先队员们对党的认识和感恩，笔者所执教的学校特举办了"童心向党共成长"主题活动。

通过看红色经典剧，听党的故事，唱红歌等活动，加深孩子们对党的认识和了解。从小树立"听党话，跟党走"的信念。

【活动开展】

（一）学党史

（1）亲子齐看红色经典剧《觉醒时代》南陈北李相约建党，了解中国共产党建党的不易。

（2）以"薪火相传、根植红色基因"为主题，请家长代表讲述"南湖红船故事"和历史英雄人物的故事如《董存瑞炸碉堡》《放牛娃——王二小》《火烧邱少云》等。通过鲜活的历史英雄人物故事带领大家追寻红色记忆，传承红色基因。

（二）知党情

（1）请党群服务中心的家长来校讲述近年来他们为社区居民办实事、解民忧的故事。感受中国共产党一心为人民服务的情怀。

（2）以"红色事迹我诵读"为主题，组织亲子家庭代表诵读原创诗歌。用声情并茂、慷慨激昂的朗诵，弘扬党的恩情，抒发对党、对祖国的热爱，激发少年儿童树立远大志向。引导未成年人心向党、感恩党。

（三）跟党走

（1）开展"跟党走，做实事"活动。从身边的小事做起，从小树立为人民服务的意识。

（2）巧手描绘爱国情，童心向党颂党恩。组织亲子手工制作，如绘画，手抄报。让党史学习教育活动"动"起来、"活"起来，让家庭在润物无声中播撒爱国颂党的种子。

（3）组织家长与孩子联手拍摄MV《国家》，让孩子们深深体会家是最小国，国是千万家。培养爱家爱国的情感。

总结："童心向党共成长"主题活动中家庭与学校联手，用各种方式表达对党和祖国的美好祝福，点燃了少年儿童的爱党爱国热情，增强了责任感和使命感，展示了广大家庭"听党话、知党情、跟党走"的坚定信念和优秀的家庭风貌，更为建党100周年华诞献上了一幅美好画卷。

【温馨建议】

（1）庆祝建党100周年这样具有历史重大意义的活动，家校共育活动会比学校单方面的活动更有教育意义。可以充分运用家长资源，对孩子产生更深远的影响。

（2）组织活动可根据孩子的年龄特点，开展符合孩子认知特点的活动。让红色基因更好根植于童心。

（建议年段： 各年级）